WAC BUNKO

平和ボケ日本
偽善者白書

伸行

WAC

序

世にさまざまな雑誌があるが、その書名で、どのような方面のものか、大体わかる。例《たと》えば、その書名自体に、文学とか、歴史とか、ファッションとか……そういった〈領域を示すことば〉が出ている。人間、己れにとって関心のある方面のことばに出会うと、つい見てみようかという気になる。だから、書名との出会いは大切である。

そうした中、広く人々をつなぐ領域のものは、なんと言っても、単なる感想を超えての意見である、批評である、物の見方である……ひっくるめて言えば、評論である。

人間、世のさまざまな出来事や問題に対して、関心がある。それも、単なる事実について知りたいというだけではない。その事実の理由、いやその事実の及ぼすもの、というふうに、その出来事の社会的意味や、それに伴う人間の在《あ》りかたへ……と関心が広がってゆく。それは、人間の特性である。

しかし、事の真相は、なかなか把握しがたい。そこで、その解説者を求める。ところがふだんテレビ等に出演してあれこれ言っている人は、なにか言わなければならないからなにか言っているが、当《あた》り障《さわ》りのない一面的な話に終っている。ひどいのになると、こうだ、「大変ですねぇ。こんなことは、なくなってほしいです。社会や学校や家族が、日ごろよく話し合ってほしいですね」と。これが評論かよ。

率直に言おう、こうした〈世間話調〉には中身がなく、あっそう、ふーん、大変ね、と言うのと同じであって、そこには〈論〉がない。

その辺に転がっている〈似非《えせ》評論〉は、どうでもいい世間話と変わらず、それこそどうでもいい。

このように、老生のようなヒネクレ者は、ヅケヅケ物を言うので、成人してからも他者《ひと》に嫌われ七十年余、細々と暮らしてきたわな。それを見ておられたか、『ＷiＬＬ』誌は、老生に意見開陳の場を与えて下さった。

それからその場を通じて、彼此《かれこれ》十年近くになるか、老生、言いたい放題言ってきた。そこで、今から遡《さかのぼ》って六年前あたりからほぼ現在までの評論をまとめて、ここに刊行することとなった。

その『W・iLL』誌における老生のコラムのタイトルは「朝四暮三」。もちろん今も続いている。このタイトル、最初のころ、読者から「朝三暮四」ではないのかと質問がいくつも来た。

待ってました、その質問。ふつう、すなわち教科書的には「朝三暮四」。しかし、「朝四暮三」という表現もある。そこで、わざとあえて「朝四暮三」と表記したのである。

この両者、よくよく観察すると違いがある。朝に三個、夕べに四個。朝に四個、夕べに三個。結果的には、もちろん変りはないが、人間社会においては、やはり気になる違いとなる。もし自分が何かを得る立場であった場合、後《あと》よりも、先に多くのものを得ると、まず嬉しいではないか。

いや、それだけに止《とど》まらない。平和な時代であっても、いつ狂乱の時代と化すのか、誰にも分らない。近くは、ロシアが、突如、ウクライナに侵攻したではないか。日本とて、或る日、他国が侵攻してくるかもしれない。

とあれば、人間社会における変化、それも激変が、いつ、どのように来るのかと、先のことを常に考えておくのが、人間の心構えではなかろうか。

背筋を延《の》ばして言いたい。平和ニッポン朝三暮四よりも、危険ニッポン朝四暮三と心得るほうが、心強かろうというものである。

という気持ちがあって、『ＷｉＬＬ』誌に連載を続けて現在に至っている。

もちろん、その取りあげる対案は、主として日本の折折《おりおり》における事柄に即したものである。それぞれ世の論説や運動などに対して老生の感ずるところのあるもの――その大半は批判であるが、それらを収録している。

もっとも、敬意を表した論説や人物も出てくるが、その他の大半はその発表物に対する否定的批判である。

では、老生が否定的に批判した対象や人物には、なにか共通性があるのか。ある。それは明白である。すなわち、社会主義、共産主義等の考えかたの浅はかさに対してである。

老生がなぜそうなったのかということについて、お話しいたしておきたい。


老生、大東亜戦争（いわゆる太平洋戦争）世代である。今の若い人たちには、残念ながら理解が困難と思うが、そのころの生活において社会の暗い面を、少年ながら感じていた。なにしろ小学生であるから、本質的なことは分らなかったが、人間個々人のもつ本性、すなわち利己主義に接することは日常的だった。

その個々の話は省略するが、小学校・中学校の日常生活を通じて、人間は動物である限り、利己主義を省《はぶ》くことの困難さを痛感していた。ところが学校教育においては、小・中・高を通じて、利己主義をまず否定してから、〈博愛〉的なものを勧《すす》める。

しかし、利己主義をどう否定するかということの具体的な方法については、ほとんど役に立たなかった。率直に言えば、〈利己主義はいけません〉という言葉の空しい響きだけだった。

そういう疑問のまま、大学に進学し、倫理学について、必死に読書し、その答を求めていったが、老生を納得させてくれるものは、遂《つい》に、なかった。

そこで、自分の頭で考えてゆくことになっていった。すると、己れの納得できる考えかたが、しだいに形成されていったのである。

人間は、まず生物である、というところに立つと、諸動物の行動から得られるものがある。動物――例えばネコ。ネコが子を生むと、生物として子を愛し育てる。子ネコはもちろん母ネコを慕《した》う。そこには、利己主義はない。生物が存続するための行動があるのみ。

しかし、この親（母）子ネコ以外の生物は、敵となる。すると、家族を守るためにその敵と戦うのは、利己主義であると同時に、生命の存続を図《はか》る。〈善〉となる。

というように、善悪は、相対的なもの。ところが、社会主義者・共産主義者は、始めから人間社会の人々を善と悪とに分別してゆく。そういう単純な人間観は、人間とは何かという老生の問いに答えるものではなかった。

老生、中国思想の研究者である。その研究論文とは別に、研究における己れの眼――世を見る眼によって、現代日本の状況に対して、さまざまな思いが湧き出てくる。それらを世の人々にお伝えいたしたいという気持が、『W・i・L・L』誌の連載となっていった。これは、今後も続けたいと強く願っている。老生の生命ある限り。

ということで、一先《ひとま》ず、老生の考えることを広くお伝えいたしたく、ここに刊行することとなった。

その際、分類や配列等、編集の労を惜しまれなかったワック社編集部・書籍部の諸氏に対して、厚く御礼申しあげる。

老生、数え年八十九歳を迎えた。

大学入学から今日までの間、独往《どくおう》し、左右を問わず、誤まれる者どもを批判し続けてきた。老生の見解、分る人には分る、分らぬ者には分らぬ、という真理とともに。それは、独立独歩をもって一生を貫いてきた老生の生《い》き様《ざま》である。

令和六年十一月一日

孤剣楼《こけんろう》　加地伸行

平和ボケ日本偽善者白書

◎目次

第3章 教育こそ国家の要《かなめ》

第4章　病める学界

装幀/須川貴弘(WAC装幀室)

第1章

マスゴミが日本の善き伝統を破壊する

朝日新聞記者の不勉強ぶりに喝！

世の中、いろいろと大変じゃのう。老生、その「いろいろ」に付《つ》いて回《まわ》るには、今やもう息切れするわ。昔の老生であれば、ほれワッショ、それファッショ、と闇雲《やみくも》に騒いでいた連中を切って捨てたものをのう。

さは、さりながら、カチンと来たものには、「なんや、それ」と大阪弁が出てくるわな。

すなわち、朝日新聞（二〇二三年五月一日付）の一面トップの記事、それも二面をも使っての長文のそれに対してじゃ。

その大見出しは、〈「人体のツナミ」捨て駒の前線〉と来た。そして小見出しは、「捕虜のワグネル戦闘員、証言」、「弱みつけ込む　ロシアの大罪」とある。そして二面に続く。

これは、もちろん朝日新聞の取材記者（杉山正。協力者は根本晃・友田雄大）の筆であり、ロシア兵の実像をこう記している。ロシアはウクライナ戦用の兵として受刑者を使っているとして、こう述べる。

〈戦場で生き残れば、受刑者に自由を与える――。ロシアはまるで映画や漫画のストーリーかのような信じがたい手段で戦争を続けている。ロシアの民間軍事会社「ワグネル」は、刑務所から受刑者をつまみあげるようにして、ウクライナ東部の激戦地に放り込んだ〉と。

なるほど。ロシアの残虐さ、法に対する勝手な解釈……等々といった点については、その通り。

しかし、それで終ってしまうのであれば、新聞という巨大組織がただ事実を伝えるだけになってしまう。その背景、特にその文化的歴史的背景を通じて、ロシアがなぜそのような行動に出たのかというつっこみがあってこそ、良質の記事になるではないか。すなわち率直に言って、その記事、物足りない。つまりは調査不足ということだ。

では、お前はどう思っているのか、という質問が出るとして、老生の感想、いや感興を述べてみよう。

実は、その回答は、昨年の産経新聞（二〇二二年十二月四日付）において、老生担当のコラム「古典個展《こてんこてん》」を通じて、すでに述べている。

しかし、その拙稿を朝日新聞の関係記者は、誰も読んでいない、ということであろう。それは、ロシア軍の異常な在りかたに対して、不勉強というもの。

「犯罪人まで動員する露軍」と題するその拙稿は、大略、こう述べている。その昔、中国は秦《しん》王朝の二世帝の即位から二年後（西暦前二〇八年）、反乱軍が出た。その時の軍議において、反乱軍鎮圧用員として、「徒《と》（重罪人）を赦《ゆる》し」、武器を与えて反乱軍を「撃たしめよ」となった。これは史実。

以来、この方式は反乱軍に対する常套手段《じょうとうしゅだん》となったのである。となると、中国周辺の諸国家は、そういう中国の方針をすでに知っていたであろうし、逆に、自国においてもいざという時には同様の方針を取ったことであろう。

中国周辺の諸民族を後に統合して今のロシアに成っていったのであるから、中国古来の重罪人起用という方略、いや謀略を、プーチンらロシア幹部は熟知していたと断ずる。

かと言って、近代国家における罪刑法定主義（犯罪に対する刑罰はあらかじめ法で定める）を全く無視しての御都合主義は、為政者の意志だけを守る前近代的方式であり、近代国家においては認められない。

にもかかわらず、ロシアが強行するのは、依然として人権無視の前近代国家であることを自ら示している。これでは、民の心を真に得られない。そういう観点から「犯罪人まで動員する露軍」の実態を知るべきであろう。

すなわち軍規も何もあったものではない。当然、ウクライナ居住民の家を家捜《やさが》しして、金品宝石をはじめ、売れば金目《かねめ》になるものを略奪する浅ましい日々であろう。かつて旧満洲の日本人家庭を荒らしたのと同じく。

古人曰く、貪夫《たんぷ》は、財《ざい》（金もうけ）に徇《じゅん》じ（生き）、烈士は、名（大義）に徇ず、と。

貪夫《たんぷ》は、
財《ざい》に徇《じゅん》じ、
烈士は、
名に徇《じゅん》ず。
　『史記』伯夷伝《はくいでん》

貪：「貪」の音はタン。
　慣用ではドン。
　例えば「貪欲《どんよく》」。
徇：したがう。
名：義。

マスメディアの知識は教科書レベルにも至っていない

最近のマスメディアは、毎号、戦争の記事や報道で満ちている。もちろん、その戦争の被害者についても相当に詳しく伝えている。

しかし、その戦争当事者に対しての善悪はほとんど分別していない。なるほど、それが報道の客観性と言うものか。

結果、マスメディアの戦争記事・報道は、戦争を〈記事〉として扱っているだけとなっている。もちろん、戦争当事者の両者は、それぞれが己れを正義としているから、第三者はそのようにならざるをえないということか。

もしそうであると言うのならば、話は、さらにもっと根元的なことに溯《さかのぼ》るべきとなる。すなわち、以下のように。

遥《はる》か遠いその昔、人類は〈言語〉を持ち、他の動物と異なる発展をしてきた。もちろん、犬や猫どもにも言語的なものがあるが、その場においてだけの現在形にすぎない。人間の言語は、過去も未来も述べられるし、抽象的なことも話せる。これが人間の強力な武器となり、今日に至っている。

すなわち、人間は言語を持ったので〈歴史〉を記録してきた。その歴史を知り、その意味を心得なければ、人間社会について互いに真の理解をすることはできない。

例えば、今、世界が注目するイスラエル・ハマス対立という大問題である。これは、一体、何なのであろうか。

老生は日本人であるから、その問題点は教科書的にしか知らない。しかし、その教科書レベルさえ、最近のマスメディアは伝えていない。これでは、イスラエル・ハマス問題に対して、〈単なる戦争の一つ〉という理解に終ってしまうだろう。それでいいのか。

老生、中近東から限りなく遠い東アジアに住んでいるので、イスラエル・ハマス対立について、大筋を言えば、こうだ。

その昔、ユダヤ民族は国家を持ち、独自の宗教を戴《いただ》いていた。ユダヤ教である。それは、ユダヤ人のみが神によって救われるという教義である。

これに対して、ずっと後に生まれたキリスト教は、全人類が救われるとし、ユダヤ教と対立してきた。そして国家を失なったユダヤ民族は差別され迫害されてきた。そのため、頼るべき国家を持てなかったユダヤ人は、かつてはさげすまれていた金貸しを仕事とするとか、あるいは頭脳を使う労働（現代では大学教授など）等となっていった。

ユダヤ民族は国家がなかったので、アメリカ大陸の発見後、アメリカ大陸へ渡る者が増えてゆき、今日のアメリカ国を形成する有力民族へと転化してゆく。

しかし、キリスト教側から見れば、ユダヤ教は否定すべきものとして差別した。その究極がドイツのヒトラー率いるナチスによるユダヤ人大虐殺であった。

戦後、その謝罪として、終局的にはイスラエルという国家ならびに領土を創出したのである。当然、その地に住んでいた大多数のイスラム教徒は、追い出されたり限定的居住となっていって、今日に至っている。

そういう歴史があっての今日の紛争なのである。だから、事の善悪を簡単に結論づけるのは、ほとんど不可能ではないのか。

ユダヤ教・キリスト教・イスラム教という三大宗教の大衝突なのである。その三大宗教とほとんど無縁な我が国、そして日本人としては、何をどうすればよいのか、分らないというのが、正直なところである。

と言うことは、下手に動くと、かえって三者をさらに混迷に追いやることになるだろう。

とあれば、一人一人の個人的な行動は別として、日本国家としては、なにもしないことが、最善の方針となる。精神的には苦しいことだが、政府は、その方針を泰然と守り続けることだ。それが日本国家をしかと守ることになるのだ。自信を持て。

古人曰く、天の時は、地の利にしかず（及ばない）、地の利は、人の和にしかず、と。

天の時は、
地の利にしかず。
地の利は、
人の和にしかず。
『孟子』公孫丑《こうそんちゅう》下
しかず：及ばない。

虚像の「特高」で首相を侮辱する凡庸な作家・辺見庸と落ち目の新聞と

世は、コロナ禍一色である。と同時に、さまざまな流行語が生れてきた。

それらの中で、老生、最も実感を得たのは「不要不急の外出」。わけても「不要不急」ということばは、ずしんと胸にきた。これは、われわれ老人に対してぴたっとしており、それその通りではある。

老人――これ自体、不要不急そのものであるわな。世のだれも相手にしてくれない層であるどころか、憎まれてさえいる。

と言わずとも、そこはそれ、なんとかの呼吸で、老生、家にずっと籠《こも》り、一日中、テレビでの映画を毎日観たわな。

そして分った。名作、名作と言われてきたものが、意外と駄作。逆に始めて観たのだが、思わぬ力作もあったりして、世の評価など、怪しいものと思ったりした。

という調子で、かつての己れの映画青春時代にもどった日々。つまりは、ほぼ毎日二本ほど観て暮した「不要不急」の日々。

その我が愛する映画に対して、変なことを言う愚か者の記事と出会った。すなわち辺見《へんみ》庸《よう》「首相の〈特高顔《とっこうがお》〉が怖い」（毎日新聞大阪版夕刊／二〇二〇年十月二十八日付）である。二〇二〇年秋十月、日本学術会議の新会員任命に際して、任命権者である菅義偉《すがよしひで》首相（当時）がその候補者の内の六名を拒否した。その件について、辺見某は菅首相に対してこう述べている。

「僕は戦争を引きずっている時代を知ってるわけ。だから、ああいう特高警察的な顔をしたやつがいましたよ……」と。

これ、本気で言っているのか。大東亜戦争の敗戦時、老生は国民学校（今の小学校）三年生。辺見某は、右の引用記事面に記されていた略歴に依れば、一歳ではないか。そんな乳幼児が、どうして特高を知っているのか。当時九歳の老生でも、特高のトの字も知らなかったのである。

「特高」とは、特別高等警察の略語。特高は、歴史も古く、明治時代に始まり、昭和期には、主として思想犯を対象とした。その思想犯の中心は、日本の政権を共産主義化しようとする連中であった。もちろん皇室を廃止する。スターリンが率いるソ連のターゲットが日本であることは常識であった。そういう大きな世界史的観点からすれば、特高を全否定することはできない。

しかし、戦後日本は、純情にも特高を蛇蝎《だかつ》視し、戦後の映画に登場する特高を演ずる俳優について、〈いかにも怖い悪いヤツ〉というメーキャップと演出とで造りあげていったのである。幼少年辺見某は、そうした映画を見て特高像を描き、思いこんでいったのであろう。つまり、〈創作上の特高〉にすぎない。

そういう虚像を実像視し、菅首相の顔を特高顔と称するのは、無礼である。公人（首相）でなければ、名誉毀損《きそん》ものである。

前引毎日紙上、辺見某の写真が出ている。それに基いて、もし人が「この顔、詐欺師の典型」と言えば、辺見某は黙っているのか。

顔が似ている、と言うのが、そこまでならば、それはまだ許されよう。物体としてだからである。しかし、特高顔と称すると、そこに悪意の価値観が塗りこめられ、差別となるではないか。

しかも、それは主として映画等によって造り出された虚像表現であろう。そういう使い古され手垢《てあか》にまみれたことばを使うのでは、作家としての矜持《きょうじ》（誇り）がない。そこらのテレビドラマを見るがいい、「お主《ぬし》も悪《わる》よのう、越後屋《えちごや》」という定型と変らぬ。ということは、文筆第一の作家としての才能、表現力、そして洞察力がないということである。
その程度の者を使って、政府批判、首相批判をするなどという話では、毎日新聞には人物いや筆力を見ぬける人材不足と見た。毎日の凋落《ちょうらく》の見本の一つである。
古人曰く、〈賢者は〉、その昭昭《しょうしょう》（明らか）を以《もっ》て、人をして昭昭たらしむ。今〈あの人物は〉、その昏昏《こんこん》（暗き）を以て、人をして昭昭たらしめんとす、と。

〈賢者は〉、その昭昭《しょうしょう》（明らか）を以《もっ》て、人をして昭昭たらしむ。今〈あの人物は〉、その昏昏《こんこん》（暗き）を以て、人をして昭昭たらしめんとす。

『孟子』尽心下

昭昭：本当に分っている。
人：一般人。
昏昏：理解していないさま。

高橋純子朝日編集委員の「というふうに思います」解釈

コロナ禍——陸《ろく》(碌)でもないことばである。しかし、コロナの特効薬がない今、ワクチンを打ってもらって、コロナ菌どもに対抗するほかない。おっと、厳密に言えば、コロナは、将来、菌に進化する前段階の生物で、まだ菌ではないようだが、そんな細かいことをあれこれ言ってもしかたがない。老生のような〈生命《いのち》短かし、故意せよジジイ〉にとってはのう——という在宅の日々。

それは、暇《ひま》という一言に尽きる。となると、長年の根性悪《こんじょうわる》気分がむくむくと起ってくるわな。すなわち人さまに対して恋、ちごた!〈故意する〉のよ。ただし、故意にはルールがある。相手に対して、アホバカなどという罵詈雑言《ばりぞうごん》は投げぬ。あくまでも論理的に。

それと言うのも、或る悲しい想い出があるからだ。事の序《ついで》に走り書きしておこう。

今から五十年も大昔、老生、名古屋大学に勤務していた。ちょうどその時、あの大学紛争があった。学生運動体が二つに割れ、いわゆる新左翼と民青(共産党系)との対立が軸となっていた。両者は、初期のころは論理的に論争をしていたが、それがいつの間にか崩れ、罵倒化していった。

その果てが、論理や思想なき衆愚集団となり、自己解体してゆき、今や雲散霧消してしまった。悲しや、その根本原因は〈大学内における罵倒化〉であった。

それも遠い昔の話になったのう。とここでハッと我に返る。昔は昔、今は今じゃと。

さてコロナ在宅の日々、暇であるから新聞を隅から隅まで読むこととなる。以前なら、全体の一割も読んだかどうか。それが今や隅々まで詳しく読んでおるわ。変われば変わるものよ。

その散読中、どうも老生の感覚と異なる文章に出会ったので一筆。

高橋純子・編集委員の「多事奏論」（朝日新聞・二〇二一年八月十八日付）である。

高橋某は、「責任回避の言葉遣いに首相はいまなお終始している」とし、菅義偉首相（当時）は、その発言において、「○○というふうに思います」ということばを多用し、「……する覚悟」という発言がないとする。

そういう事実指摘をし、こう述べる。〈言葉に宿る思いや熱は「ふう」を通せば霧散する〉と。「ふう」は「というふうに」の「ふう」。そして言う、「言質《げんち》を取られないよう、不明瞭な、責任回避の言葉遣いに首相はいまなお終始している」と。

なるほど、そういう見方、そういう解釈もあるかとは思ったが、老生は同意しない。それと言うのも、「というふうに思います」ということばの語感が高橋某と異なるからだ。

その昔、老生、大学教員を計三十六年余務め、その間、教授会を始め、さまざまな多くの会議に出席してきた。もちろん大学紛争期には学生の要求する〈団交〉にも。

そういう多様な会合において発言する際、きっぱりと自分の意見を表明するとき、末尾は「……と思います」であった。その「と」は〈内容に対して個人の意見としては〉という気持を表わしており、その結果としての「思います」には、重い責任を含んでいた。他の意見と異なり、「私は」こう思うというとき、「……と思います」と述べる。

そこには、ただ従うとか、みなといっしょとかといった付和雷同《ふわらいどう》ではなく、自分の意見を表明する強い意思があった。そうした気持を表わすのが「……と思う」であることは、会議参加者の常識であった。特に、あの酷《ひど》かった新左翼系との団交においては。

と、なにやら昔話になってきたのう。高橋とやらお若いの、その突撃スタイルはカッコイイが、大体においては討ち死にぞ。

大東亜戦争のとき、塹壕《ざんごう》から敵に向って「突撃」と命じても、だれも出ない。そこで一番先に若い小隊長が飛び出して撃たれる。すると、やっと兵も出る。その小隊長の多くは学徒出陣者だった。辛《つら》い悲しい話である。
古人曰く、行《おこ》なはんとする者《もの》、その行なふこと能《あた》はざる所《ところ》を、行なはんとす、と。

行《おこ》なはんとする者《もの》、
その行なふこと能《あた》はざる所《ところ》を、
行なはんとす。
『荘子』庚桑楚《こうそうそ》
能：可能。
庚桑楚：人名。

軽薄なる〝マスゴミ〟へ――「国語」と「日本語」とは別もの

この正月、老生が呆《ぼ》けたか、相手が惚《ぼ》けているのか、ちと分らぬ文章に出会った。ジャーナリストとやら安田浩一なる者の〈「マスゴミ」批判に萎縮《いしゅく》不要〉と題する一文(毎日新聞/二〇一九年一月七日付)。

同文の大筋は、近来、マスコミがマスゴミとして批判されているが、そういう批判をしている手合《てあい》は下らん連中だから、萎縮しないで〈堂々と「これが新聞」と記事で反論すればいい。原点に立ち返り、報じることにしか読者の信頼を取り戻す手段はない〉と結ぶ。

この結論、驚いた。「原点に立ち返り」と言うが、そのいわゆる〈原点〉とは、一体、何なのか、定義してみよ。できるのか。

ま、ぶっちゃけた話、売ってなんぼのもんが原点とちゃいまっしゃろか(大阪弁)。その点、共産党はなかなかいい表現をしている。ずばり〈商業新聞〉とな。安田某の寄稿先の毎日新聞ももちろん商業新聞、売ってなんぼのもんよ。偉そうなことを言ってもだめ、それが〈原点〉なのである。だれが何と言おうと。もしそうでないと言うならば、安田某に問う。もうけを度外視して、〈無料〉の新聞を責任を持って発行できるのか。もちろん、そこで働らく人々も無給よ。安田某の全財産をはたきだしても、一秒と持たぬわ。

その売ってなんぼのもん戦争において、毎日新聞はずっと敗走し続けていると言うのが現実ではないのか。

それには眼を瞑《つぶ》り、安田某は〈排外的な空気が広がる中、メディアを声高《こわだか》に批判する人たちも出てきた〉と言う。そう、その通り。このヨタヨタ歩きの老生もその一人。

それを安田某はこう続ける。〈その人たちは、マイノリティー批判を展開する人たちと地下茎で結ばれている〉と。

ふーん、と、老生、感、嘆を久しゅうした。〈地下茎〉て、どこにあるのですか。拙宅の基礎一帯はコンクリート。どこの地下茎とつながっているのですか、教えてくださーい。行けまっか?

老生の人生は、右顧左眄《うこさべん》とは無縁。独立独歩を貫いてきた。ましてこそこそと〈地下茎〉の人々の御機嫌取りなど、一切、したことはない。

老生のこの反論に安田某は答えられるのか。〈地下茎〉などという安っぽい比喩ではなくて、堂々と〈精密に論理的に〉、正統的国語を使って論述せよ。それが文筆家の心構え。

それがない限り、売ってなんぼの世界で、這いずり回るだけに終るであろう。

国語と言えば、中西寛〈「国語」と「日本語」の間〉(毎日新聞／二〇一九年一月十三日付)が引っ掛《かか》る。彼はこう述べている。

外国人労働者が日本に増えてくる現実を前にするとき、国語(日本語を母語とする人が学ぶ)と日本語(外国語として)との両者の〈境界は日本人が使ってきた言語の本質的な性質ではない。今日の日本人が使う「国語」は明治末以降普及してきた特定の姿である〉とし、〈「国語」のあり方を変えることは……日本社会全体の課題である〉と結ぶ。

では、どう変えるのか、という具体案はまったくない。これが〈マスゴミ〉論陣の典型。男児たる者(明らかな男女差別語じゃのう)、独自の具体的な説がなくば、筆を執るな。中西某は、ことばの問題を形の上だけから見ているにすぎない。だから薄っぺらいのである。深思黙考、国語とは何か、そして論じているのか。国語と日本語とは別物なのだ。

老生、この半生、国語問題について考え続けてきた。その結果として、こう定義する。すなわち「国家の文化・歴史・伝統を背景として展開してきた言語」である、と。この定義の最初の「国」字、最後の「語」字を併せて「国語」と称する。国語の諸問題はこの概念から始まると確信している。すなわち国語は明治以前から存在しており、日本人以外の者が理解するのは困難なのは当然なのである。
古人曰く、羽翼《うよく》　美なる者は、骨骸《こつがい》を傷《いた》む。枝葉《しよう》　美なる者は、根莖《こんけい》を害《そこな》ふ、と。

羽翼《うよく》　美なる者は、骨骸《こつがい》を傷《いた》む。
枝葉《しよう》　美なる者は、根莖《こんけい》を害《そこな》ふ。
『淮南子《えなんじ》』詮言訓《せんげんくん》
美：中身がなく外見の調子良さ。

マスメディアの日本語誤用には目にあまる！

老生――まさに老人じゃ。家から外へと出歩くのが面倒、というわけで、ほとんど自宅暮し。ここで交通事故があったの、あそこで自殺者が出ただの、と側聞《そくぶん》いや仄聞《そくぶん》しても、あ、そう、と不感症となっておるわ。これ、老人性の特徴ぞ。

とは言うものの、凡人ゆえに、世のため人のため、などという文言《もんごん》には、やはりなんとなく弱い。確かに、外出もせず、人ともつきあわず、茅屋《ぼうおく》に籠《こも》っての日々では、世捨て人に終ってしまうもののう。

さは、さりながら、それは大昔の話。今どき、話はそうとはならぬ。テレビじゃ、テレビ。こいつは、なんと無遠慮に家の中に入ってきて坐っておるぞ。そして一日中、この老人をつかまえて、離さぬわ。

この老人はな、漢文屋。子《し》曰《いわ》く、なんたらかんたら、が売り。その老人に、テレビはなんとよくまあ、売りこみおるわ。この服、着てね、と。その画面の小娘《こ》、アホとちがうか。漢文老人が、ホットパンツ穿《は》いて、どこへ行けというんや。

ま、ま、それはともかく、テレビを視る、これ実は大半は見《み》・聞《き》きとなるが、怪し気《げ》な日本語によくぶつかる。

例えば、ＮＨＫであったと思うが、女性司会者が「声色」を「コエイロ」と称していた。しかし、これはふつうには「コハ（ワ）イロ」ではないかのう。

日付は二〇二四年六月二十三日、ＮＨＫの「ダーウィンが来た！」の中で、「来《く》る者　こばまず」と発音しておったが、これは「来《きた》る者はこばまず」ではないかのう。

同じく六月の二十四日、ＮＨＫで沖縄の高校生が代表で読み上げた文中、「他人事」を「タニンゴト」と読んでおった。これはよくある誤まりで、正しくは「ヒトゴト」と読むべきではないかのう。

この種《て》の誤まりは、ま、普通の誤まり。しかし、とんでもない誤読に出合うことがある。例えば、杉田二郎とやらの歌手は、こう歌っていた。「人は誰《だれ》もふりかえる」と。しかしこれは、「人は誰でもふりかえる」、あるいは「誰もがふりかえる」ではなかろうかのう。

歌手自身に国語力のないのがかなりいるぞ。例えば、歌の中の「愛しい」を「アイしい」と読んで歌っておった。アホかいな、それはふつうは「愛《いと》しい」と読むんじゃい。

歌ばかりではない。画面に出る文字における誤まりも気になる。例えば文字で「不孝」

と出ていたが、聞いていた歌詞の感じから推すに「不孝」ではなくて「不幸」ではなかろうかと思うものもあった。

もっとも、文字すなわち歌詞そのものに不用意なものを聞くときもある。例えば、吉幾《よしいく》三《ぞう》が歌っている歌詞が、テレビ画面に出たとき、はっきりとこう歌っていた。すなわち「未《いま》だ恋しや」と。

しかし、漢文流に言えば、「未」字はすなわち「いまだ……せず」と必ず否定形にして読まなくてはならない。それを吉幾三は知らずして誤用している。もし吉幾三の立場に立つならば、「いまだ」あるいは「今だ」と改めるべきである。そのようにしないで「未」字を使うと、日本語の誤用となり、意味も中ぶらりんとなる。大阪弁で言えば、恋しいんでっか、恋しくないんでっか、どっちでんねん。

吉幾三は、自力でその世界を造った男で見所はある。とあれば、ここは心広い立場に立って、正しい日本語に改めるべきであろう。

という調子で、テレビ出演者を批判しおる毎日じゃ。老生、人間ができておらんからのう。テレビの外でも、テレビ上でも、すぐチャンチャンバラバラ。疲れるわな。

もっとも、芸人ども相手ではなあ。もうちっと骨のあるのがのう。となると、テレビに限らず、ということになろうが。それでは、せっかく得た今ののんびり生活は……？
古人曰く、過《あやま》ちて、改めざる。是《これ》を過ちと謂《い》う、と。

過《あやま》ちて、
改めざる。
是《これ》を
過ちと謂《い》う。
『論語』衛霊公

勝手な言葉使いは日本の善き伝統を破壊するだけ

世の常識に従えば、人間、高齢になってくると、その歳と共に、人間が出来てゆくとのこと。それ、ホンマかいな（大阪弁）。

逆ではないかのう。高齢となった老生、人間が出来てゆくどころか、ものを見る目、ますます悪党になってゆきおるわ。

例えば、観光客、それも外国人観光客。この連中、日本観光と称しているが、何をしに来とるのじゃろ。来るなと、言いたい。

先日、京都へ行く用事があって、金閣（寺）のそばを通った。ま、ものすごい数の外国人観光者が、この暑い夏に、長蛇の列。

老生、素直に言って、こう思った。「アホかいな」とな（大阪弁）。

なにも金閣だけが京都名物やおまへんと言いたい。その昔、七十年近くも前か、老生の大学生時代、午後に暇《ひま》があると、親しい悪友と京都の寺院など名所を訪れた。

例えば、苔寺《こけでら》（西芳寺《さいほうじ》）――観光客などいなかった。育ちが悪いので、寝ころんでお庭拝見。そして、生協で買った安物のパンを共に齧《かじ》りながら、ああのこうの、と政局批判。そんなことなら、苔寺へまで行く事もなかったがのう。そこが、お暇な貧乏学生の生活。

京都観光――それはいい。しかし、特定のところに集中するのは、おかしい。京都なら、地図を一枚持って、自分一人で楽しむというのが、筋であろう。京都には、由緒ある神社仏閣はどこにでも在る。その一つでもいい、自力で訪れてこそ観光ではないのか。一人で歩いていても、日本では強盗など出んわな。

京都は変っていない。京都に行くたびに、それを感じる。京都は、今のままで、残っていっていただきたい。それが保守の真のありかたであると思うこのごろである。

ところが、近ごろ、日本の善き伝統を破壊するようなことを見掛《みか》ける。それは、ことば。それも日本語を破壊してゆくような、ことばに対して奇怪な、あえて言えば、勝手な使いかたがあって、誤解を生みつつある。

例えば、Ⓐ「青カビ混入　認識も放置」という新聞の大きな見出しの文があった。この文の「も」が分りにくい。

この文は、「青カビの混入があったのに、その認識を放置していた」という意味を伝えようとしている。すなわち認識が中心。それなら、「青カビ混入の認識放置」とでもすればすむものを、わざわざ意味の取りにくい「も」字を使う必要はなかろう。

またⒷ「虐待兆候も保護解除」という新聞の大きな見出しの文がある。この文の「も」が分りにくい。

この文は、「虐待の兆候（きざし）があったのに、（その子の公的）保護（を）解除した」ということを伝えようとしている。

それなら、虐待の兆候があったのに「不適切な保護解除」とすればすむ。わざわざ「も」字を使う必要はない。

最近、新聞が見出しによく使う語にこの種のような「も」があるが、「も」の正常な一般的な語感とは異なっている。

「も」は、元来、「西も東も」というふうな並列を表わすために使う助辞である。

一方、「も」には強意・詠嘆を表わすときにも使われる。その用法を新聞社は使おうとしているように見えるが、現代日本語の用法と距離感があることは否めない。

念のために付記すると、上文のⒶは、産経新聞・二〇二四年七月二十四日朝刊、Ⓑは、同紙・二〇二四年七月二十五日朝刊からの引用。老生、同社と因縁は深いが、その故《ゆえ》にこそ、しっかりせよとあえて批判をする。

日本は、さまざまに変化していっている。その最たるものは、建築物であろう。建築物など眼に見えるものは、いたしかたないが、人間の心や考えかたなどの根本となる〈ことば〉については、軽率に変えてゆくべきではない。しっかりと守ってゆくべきである。

古人曰く、歯《は》（のような剛強なものは先に）亡《ほろ》ぶも、舌《した》（のような柔弱なものは）存《そん》す、と。

歯《は》は、亡《ほろ》ぶも、
舌《した》は、存《そん》す。
『説苑《ぜいえん》』敬慎

歯：堅牢なものの譬《たと》え。
舌：丈夫で長持《ながもち》の譬え。

クイズ番組よ、あっと驚かすような工夫をしてみろ

いつであったか、忘れてしまったが、テレビを点《つ》けたところ、クイズ番組があった。なんとなく観ていると、四字熟語を五つ並べ、そこへ或ることばを出して、その五種の内のどれに当るか、という問題であった。

なるほどというわけで観ていたが、出演者の指摘はほぼ的中。それで話は終り。

しかし私の立場すなわち漢文を材料にしてあれこれツベコベ言う者からすれば、ただ当てるだけでは、なんだか不満。

と言うのは、その解答をどのようにして導き出したのか、という過程がまったく欠落していたからである。

ただ当てるというだけのことであると、偶然に当ったということもあるではないか。それこそ「あてずっぽうの山に舟」。

本当に事実を知っていて当てるというのと、あてずっぽうで当てるというのとでは、その開きは天と地との差ほどの開きがあるではないか。どうじゃ。ところがそのテレビクイ

ズ、当る・当らないという話だけで、約二十分もすごしていた。

そんなもの、最低のクイズ番組。もっと人をあっと驚かすような工夫をした、仕掛《しかけ》、いや繰《からくり》の入った設問をしてみい。出題者には、制作代として金一封を送っているであろうから、それならそれなりにオモロイ作問をしてみせろ。

とからかうと、おそらくこう言うだろう、口惜《くや》しまぎれに。すなわち、「じゃ、お前。作ってみろ」と。

おう、作ってやるわ。例えばこうじゃ。次の五つのことばの内、一つを選んで、そのことばが出ている書物（文献）の名を記しなさい、とな。

①慎終追遠（終りを慎しみ遠きを追ふ）
②苗而不秀（苗にして秀《ひい》でず）
③三思而行（三思して行ふ）
④一言興邦（一言もて邦《くに》を興す）
⑤知命之年（命を知るの年）

この五つのことば、どこかで聞いたような感じ。だが、どの本にあるのか、それは分からん。なら、カンで行くぞ。よし、三番の真ん中で行こ。「三思して行ふ」、これこれ。

さてこの「三思して行ふ」が、どの本にあるか、て。そんなこと知るかい。けど、大学受験生に聞くんやから、有名な本やろ。あ、分った。高校生に本の名を聞くということは、高校生でも知っている本やな。ほたら、ほたら、だれもが知ってる漢文の本というのなら、それ『論語』か。それやそれ、「三思して行ふ」ということばが出ている本は『論語』それ。書くぞ、『論語』とな。

採点――、マル。合格や、良かったなあ。

ほたら、③以外の句はどの本に出ているのですか？　①は？　『論語』ですよ。え、じゃ②は？　それも『論語』。えっ、えっ、ほたら④は？　『論語』よ。あいや、では⑤は？　もちろん『論語』の中。フーン。なんや、全部『論語』け。それって、反則じゃないですか。どこが反則じゃ。出された文を読んで、その文の出典（出どころ）を見破ろうとあれば、万巻の書を読み、主要古典を読みつくすという努力があって始めて可能なんじゃ。

わしものう、二十代・三十代のころは、漢文ばかり読んでおったわ。バカみたいにな。じゃがの、それでよかったのじゃ。それはの、ま、言わば、手に職をつけるということと同じであったのじゃ。

近ごろは機械を使って調べたり、完成していなくても、ま、そっか、で終るわの。

じゃが、わしの二十代三十代のころは、そんなことはなかった。とあればいまはこれ、〈ゐなほる〉（いなおる）ほかあるまいて。

ひょっとしたらひょっとして、老生あたりが、奈良平安以来続いてきた〈漢文のセンセイ〉の最後ということになるのかものう。じゃが、わしゃ、もう燃えつき始めたわいな。

古人曰く、火の始めて然《も》（燃）えだし、泉の始めて〈地上に〉達するがごとし、と。

火の、
始めて然《も》えだし、
泉〈の水〉の、
始めて〈地上に〉達するが若し。
『孟子』公孫丑《ちゅう》上

然：「燃《もえ》る」に同じ。
達：湧き出る。

第2章

羅針盤なき
日本の政界・社会

ガチャガチャうるさい外国人など日本に入れるな！

暑いの、寒いの、と言うのは、日本人の口癖。ま、挨拶みたいなもの。もっとも、その挨拶は季候のそれと言うよりも、「今日《こんにち》は。お久し振り」という、人間関係用のもの、そういうあたりか。

日本人の事じゃ、挨拶が遅れたわとなると、大急ぎで挨拶、挨拶。ま、ま、日本人の我ら、農耕民族風に生きるのが正解。狩猟民族を毛唐《けとう》などと言ったら差別になるわな。いけませぬ。優しく優しく西洋人と言いましょう。

などとあれこれ夢想の日々、ふと産経新聞夕刊（二〇二三年七月五日付・大阪）を読んでいて気になった。新聞一ページ分を使っての特集「人口解像」である。

もとより政府発表を含め、公的資料に基づきつつ、〈出生率の下落〉を深刻に論じている。そして、その対策として、例えば外国人の働らき手の導入などを挙げる。

こういった議論は、各新聞社も同様の調子。すなわち、日本人の人口減を防ぐことができないので外国人労働者を、という話に持っていっている。

おかしい。発想が短絡的だ。すなわち日本は人口減少に依り、豊かさが失われてゆくのを防ごうという〈己が豊かであればそれが最高〉というエゴイズム剝《む》き出し。

その拡大版が日本政府の少子化対策。

そうした世の流れに対して、老生、懐疑的。なぜそこまでしなくてはならないのか、と。

老生が、もし日本国の首相であったならば、こうする。すなわち少子化社会を現実としてしかと受けとめ、それに対応してゆく、と。

まず第一は、外国人を日本に長期滞在させない。例えば、パンなど軽食を売る仕事などは、外国人を使わず、日本人高齢者を使おう。

不足の現役労働者については、現在の日本人大学在学生がそれに当ろう。大学の講義はすべて夜間とし、大学生のすべてが、昼は働らく。

もちろん、日本人高校生もすべて昼間はしっかり働らく。授業はすべて夜間。

つまり、日本人高校生・大学生は昼間は労働し、夜は学習する。授業料は一切不要。

すなわち高校生・大学生がすべて日本人労働者として働らけば、現在のような外国人労働者のほとんどは不要となろう。

そして、〈本当に優秀な青年〉は引きぬいて、大学や会社等の研修所に入れて、真のエリート教育をする。率直に言おう、現在の各大学生の内、一部は真に優秀であるので、そういう人は研究所へ進ませる。大学など関係ない。

もちろん、少子化は続くので、若い人は減る。おう、それでいいではないか。日本における諸仕事は、すべて日本人が行ない、外国人は、可能なかぎり入国させない。となってみると、これは〈鎖国〉に近い。それでいいではないか。

いま、日本が世界の弱小国にばらまいている援助金はすべてやめて、働らく日本人高校生・大学生に支給しよう。返済不要でな。

すなわち、作る（育てる）・食べるのは、国内日本人の助けあいでゆき、外国人を日本に入れない。

新鎖国だ。そして、つきあうのは、まっとうな経済活動をしている外国に限る。日本は世界から撤退して、日本人が日本国内で物を作る。それが欲しい外国人は高いカネを出して買え。倒れそうな国とは、つきあうな。倒れるものは倒れる。天の理法だ。

そして日本は、外国に対して一歩たりとも侵略はしない。日本人はすべて日本国内で生きてゆく。もちろん、強力な国防軍を持って母国を守る。

そしてガチャガチャうるさい外国人は入れない。祖国日本を守るためである。

この案、一言で示さば、〈日本という天国を造る〉ことである。文句あるか。
古人曰く、己《おのれ》に如《し》かざる（己より劣った）者《もの》を友《とも》とすることなかれ、と。

己《おのれ》に
如《し》かざる者《もの》を
友《とも》とすること
なかれ。
『論語』学而
己に如か：己より
ざる者：劣った者。

日本に「夫婦別姓」問題は存在しない

コロナ禍が原因で、老生の講演のほとんどが中止・延期とあいなったとき、家に引き籠もりの日々。ということで、新聞やテレビに接する時間が増えに増えた。コロナ禍以前の数倍はのう。すると、面白いことが起った。日ごろ偉そうに言っている連中の〈日本語誤解〉が、意外と多かったことである。

例えば、三輪某という女性弁護士。テレビで「他人事」を何度も「たにんごと」と喚《わめ》いていた。これって読みは「ひとごと」でしょう。先生よ、中学生でも知ってまっせぇ。

というあたりは、ま、罪がないが、事《こと》、国家的な問題のときは、正確な表現でなくてはなるまい。その不正確の典型が実は起っているのであるが、ほとんど誰も指摘しないので、老生、あえて述べることにする。

それは、「夫婦別姓問題」という表現である。その主張者は「夫婦は同姓ではなく別姓にすべきである」と言いたいのであろう。それを約《つづ》めて、正確には「夫婦同姓問題」と言いたいのであろう。しかし、日本において〈夫婦同姓〉などどこにも存在しない。あえて表現すれば「夫婦同氏問題」なのである。

厳密に言えば、「現在、日本は夫婦同氏であるが、夫婦を別姓にしたい」という願望を「夫婦別姓問題」と約《つづ》めて表現しており、事実（同氏）を隠して、願望（別姓）を表現している、ということだ。その無理な表現から、その同調者の多くは、己れの無知、無学、無案内等々に気付かないでいる。

という流れ、という話なのであるが、重要な問題であるので、根本から述べたい。

第一は、姓。これは概念が明晰《めいせき》である。すなわち出生した家の姓。だから、A姓の男子とB姓の女子とが結婚した場合、夫はA姓、婦はB姓のままである。すなわち姓を変更することはなく、別姓。しかし、出生した子は、夫姓となる。なぜか。それにはこういう深いわけがある。

東北アジア（中国・朝鮮半島・日本・台湾・ベトナム北部）は一族制であるから、その一族内で出生した者には、夫とか男性とかではなく、その上に在《あ》る一族の姓を全員に与える。血のつながりを最優先するのである。

だから、一族において出生したその人は、生涯、自分の姓を持ち、それを名乗り続けるのである。婚姻においても、それを貫く。すなわち〈夫婦は別姓〉なのである。

さてこういう疑問が生れよう。たまたま男女が同姓であったときはどうなるのか。

このときは、徹底的に調査して、同姓ではあるが一族としての血縁関係がないときは、婚姻が可となる。しかし、もし同系統のときは、一族として結婚を許さない。この原則は、現代の中国・台湾・韓国等において今も堅く守られている。日本では厳密でない。しかし、儒教文化圏では出生姓を守ってきた。

ところが明治維新後、欧米らと結んだ条約に不平等な点が多かったのでその改正を求めたとき、外国からさまざまな要求を受けた。一言で言えば、欧米流の法改正要求だった。特に家族問題。その内の一つが婚姻後の姓である。しかし儒教下では、姓は絶対に変えられないので、妥協して、婚姻後、姓ではなく夫妻に同一の氏を名乗らせたのである。欧米のファミリーネームの日本版であった。氏は姓と異なり、主としては人為的呼称であった。地名とか、名誉的な名乗りとか、恩賞としてとか、さまざまな切っ掛けがある。

日本の民法では、この氏を婚姻後に名乗らせた。その際、夫が自己の姓を氏として選ぶことが多かった。そこには古代以来の一族意識(姓)があったことは事実であろう。

参考までに。現代台湾では、結婚後、夫婦各自の姓を合わせる。例《たと》えば、男性の姓が習、女性のそれが李のとき、結婚後、正式の姓は「習李」となる。

役所では必ず「氏名」を求める。「姓名」ではない。この「氏」は欧米のファミリーネームの物真似であった。今やまた氏否定という欧米の運動の猿真似をするのか。

古人曰く、西施《せいし》病《や》みて矉《ひん》す（くしゃみをする）。醜人《しゅうじん》……之《これ》を美《うるは》とし、〔村に〕帰りて……〔真似して〕矉す。〔それを見た人々は嫌になったので、外に〕出《い》でず。〔あるいは〕去る、と。

西施《せいし》　病《や》みて……矉《ひん》す（くしゃみをする）。
醜人《しゅうじん》……之《これ》を美《うるは》とし、
〔村に〕帰りて……〔真似して〕矉す。
〔それを見た人々は嫌になったので、外に〕出《い》でず。〔あるいは〕去る。

『荘子』天運

西施：絶世の美女の名。
矉：病気で咳《せ》きこみ、顔をしかめる。
醜人：不美人。

姓氏の歴史を見れば自ずと答えは出る

自民党政権にとって、次の大嵐は、その内部において、夫婦別姓を主張するグループとの対決であろうか。その件について、自民党内部が必ずしも一致しているとは言い切れないからである。

では、何が問題なのであろうか。

こうである。すなわち、結婚後、現在では男女両姓の内、一つの姓にすることとなっている。そこで、多くの場合、男性すなわち夫の姓にする。すなわち女性が夫の姓に。

これに対して、男女平等の立場に立つ人らは、なにも夫の姓にする必要はないとし、夫の姓に更《あらた》めず、結婚後も従来の姓を使用し続けることを主張している。

もしその意見が通れば、夫と妻とは、別姓となる。それを〈選択的夫婦別姓制度〉と称している。

姓氏――こういう重大な問題を議するときは、参考となる外国の例についても、種々、検討をしておくべきであろう。

では、姓名問題となれば、その外国とは、その筆頭とは、中国であろう。

もちろん、その中国文化の影響を大きく受けたベトナム等、中国周辺の諸国家もその対象となるが、老生、残念ながら例えばベトナム語は学習したことがないので分らず、無理。しかし、中国については、細々ながら分るので、それを例として、申しあげよう。老生、その職務上（現在は隠退）、さまざまな方面の雑本も入手してきた。その一つは、明治から昭和にかけて、我国において出版された各種の漢文教科書。

その一つに、『中等学校（二行割り）時文読本』――旧制中学校漢文教科書用のものがある。「時文」は現代文のこと。発行者は東京の開隆堂（昭和十五年一月二十六日文部省検定済）、編者は塩谷温《しおのやおん》・東大教授、当時の有名な漢学者である。

この教科書には、現代中国語によって書かれたさまざまな文例（出典明記）があるので、なかなか面白いし、用例として安心できる。

早速、文例を引用してみよう。次のような文が出ている（同書三十三ページ）。文章の分類は「訃告《ふこく》」。やや古めかしいが、日本語においても、今も死者についてのお知らせという意味で使われている。

以前は、「没世・歸泉《きせん》・易簀《えきさく》……」といった難しい語も使われていたようだが。

さて、その「訃告」という題に続いて、次のような例文が始まる。死者は夫君で姓は王。日本語では「訃報」。発信者はその夫人であり、文章は次のように始まっている。「哀啓《あいけい》」（「啓」は「申す」）と。そして細かに事実を伝え、最後の段はこうである。「未亡人王張淑英……」と。亡き夫は「王以哲」という人で、その夫人の結婚前の名は「張淑英」ということが分る。

すなわち、夫の姓は「王」。婦の姓は「張」であるが、王氏と結婚したので「王張」が正式の姓となったことを示している。このシステムは、少くとも台湾では今も守られている。

しかし、その台湾における既婚女性の多くは、実際には、よほどの場合でないかぎり、ふだんは旧姓を名乗っている。なぜかと尋ねたところ（四、五人か）、率直に全員が正式の姓（たとえば前記の「王張」）を名乗るのは、「嫣煩《マーファン》」と答えたのであった。「マーファン」とは、めんどうくさい、煩《わずら》わしい、という感じの日常語に相当する。

そのマーファンという音の響きには、日本の女性社会運動家の意識、すなわち結婚後も妻の人格や権利を尊重すべきで、いわゆる〈旧姓〉を振り捨てたりはしないぞ、男女同権、同権だ、という意識などなかった。

すなわち、中国人婚姻女性たちが、いわゆる旧姓を名乗る意識には、これまでの長い長い歴史における伝統的〈家族意識〉に元づくものであって、近代的個人意識からではない。
古人曰く、〔人間の〕性（生まれつき）は相ひ近けれど、習《ならひ》（習慣）は相ひ遠し、と。

性《せい》は
相《あ》ひ近けれど、
習《ならい》は
相《あ》ひ遠し。

『論語』陽貨《ようか》

性：生まれつきのもの。それはほぼ同じ。
習：習慣。後についたものはそれぞれ異なる。

日本の首相がボロクソに言われるワケ

老生、老耄《おいぼれ》たわな。「老耄」という字を忘れて書けぬさま——これはもう引退せよとの天の思《おぼ》し召《め》しかと落ちこんだ日々。

さはさりながら、数日も経つとまた厚顔となり、無恥となる。厄介《やっかい》な老人よのう。

しかし、言いわけは、せぬことにしておる。老いの坂には、登りはなく、降《くだ》りのみじゃ。楽ちん楽ちん。あれこれ風景を眺めながらのう。今がわが生涯の最高休養日よ。

ということで、テレビを見る日々。こんな楽ちんな話はない。スイッチ一つ入れるだけで、あれこれ、いや面白い。

そうそう、二〇二四年二月二十九日、岸田文雄首相（当時）が衆議院の政治倫理審査会に出席、自民党諸派における〈裏金問題〉について説明した。

ほう、というわけで、そのテレビ中継を聞いた。見たと言うべきか、どちらでもいいわな。そして感心した。なににかと言えば、東北アジア文化圏の文化に則っての作法を岸田首相が心得ていた点であった。

それはどういう点であったかと言えば、首相は、説明の冒頭、古典の一句を引いたのであった。もちろん、これまた作法であるが、その出典名は挙《あ》げない。知る人ぞ知るからだ。首相は、政治家にとって民の信頼、〈信〉が大切なのであると語り出した。

この出だしは『論語』顔淵《がんえん》篇第七節からの引用。すなわち「民、〔政権を〕信ずる無《な》くんば、〔政権は〕立たず」である。

それを引用。しかも『論語』とは言わずにである。このように、引用原典の書名に触れないという点も正統流儀。お美事。

面白いことに、この引用について、日ごろ偉そうな事を言っている新聞各紙を始め、マスコミすべてがなに一つ触れていなかった。多分、その語の出典を知らなかったからだろう。それはすなわち古典の教養がなくなってきているということであろう。

そう言えば、近ごろ奇怪なことばが横行している。すなわち「権威主義国家」である。老生、その出処がなんであるか知らない。しかし、政治学や社会学を専攻する人々が使っているところを見ると、明治以来の陋習《ろうしゅう》すなわち欧米人やその文化サマサマの下、だれか欧米人の発言の日本語訳であろう。

となると、むくむく大阪弁が出てくる。オッサン、そらあきまへんで、とな。

では、どこがかいな、となるので、こう。

「権威主義国家」という語が指している国家の具体例は、ロシアが典型。その「権威主義」の原語はなにか知らないが、老生、国家論におけるその誇りの日本語訳「権威主義」に対して、非常な違和感を覚える。

と言うのは、こうである。

国家を率いる最高権力者は二者を握っている。すなわち①権威、②権力である。

②は、徴税、警察、軍隊等々の施政権である。もちろん裁判も（かつては裁判権は現代のように独立していなかった）。すなわち人々の生活のすべてを支配する統治上の諸権力である。しかし、①は精神的なもので、あえて言えば、なにとはない恭《うやうや》しきものである。

人間史上、その国の最高統治者は権威と権力との二者の上に立って統治してきた。

日本の場合、鎌倉幕府が成立した後、その二者の内、天皇から権力を奪った。そこで天皇側は、それを取り返そうとしたが、幕府軍に敗れた。いわゆる承久《じょうきゅう》の乱（一二二一年）。その後、何度か権力を取り戻そうとしたが不成功。そして江戸幕府に至る。

それは、権威は皇室に、権力は幕府に、という美事な分離史であり、そのまま明治を通り、現代に至っている。

すなわち日本人の皇室への敬意は権威に対してであり、首相は権力を有するが権威はない。だから日本の首相は、国民からそれこそボロクソに言われている。だれも敬意を持っていないからだ。しかし、辛抱、辛抱、それが肝心《かんじん》でござるよ。

古人曰く、往《ゆ》く者《もの》は、諫《いさ》むべからず。来たる者は、猶《なお》追うべし、と。

往《ゆ》く者《もの》は、
諫《いさ》むべからず。
来たる者は、
猶《なお》追うべし。
『論語』微子《びし》
往：過去。
諫：取りかえす。
猶：やはり。

重度障碍者国会議員は世に甘えるな

高齢の老生、猛暑に完敗した。六十年も昔の学生時代、三十度を超えると話題となったもの。しかし、人様《ひとさま》の前（もちろんクーラーなどなし）では、長袖が普通であった。上衣を脱《ぬ》いでも、下は長袖シャツが普通であった。今は昔の遠い物語……。

などと言っておるうちに参議院選も終り、二〇一九年八月一日には開会式。その日、テレビ・新聞等でいろいろなことが紹介されていたが、なんと言っても、その中心の話題となったのは、重度障害者二人の新議員であった。

すなわち、れいわ新選組の木村英子・舩後靖彦《ふなごやすひこ》・両議員である。

彼らは日本人である以上、参政権があることは言うまでもない。しかし、そうした権利と、議員としての能力とは別である。その点は、もちろんすべての議員についても言えるわけで、当然〈議員としての対象〉の下での批判を受けることがあるだろう。

その場合、その政治的批判に対して、議員としての対応を堂々とすべきであって、その批判を〈差別〉と受け取るべきではない。

今日、「差別」ということばは、一種の万能呪文のような道具と化しており、相手から「それは差別」と大喝された瞬間、誰しもが黙ってしまう。しかし、正当な批判に対しては、真摯《しんし》に対応すべきである。まして国会議員という公人である以上。

前記の木村議員は、或るメディア（テレビ画像上に固有名詞は出ていなかった）からの「これからの議員活動はどのようにするのか」という意味の問いに対して、「これから考える」といった趣旨の応答をしていた。

この応答はおかしい。国会議員として立候補したとき、議員としての抱負や政見は、当然、持っているべきではないか。しかし、これから考える、と来た。これでは議員としての基本ができていないではないか。立候補後からでも、時間は十分にあったはずだ。

さて開会当日、議長選出の議事がテレビに映し出された。前引両議員の意志表示は、担当の介添人が代理で挙手をしていた。そういう規定があってそれに従ったのであろう。

しかし、一言も発することができない舩後議員の場合、その意志の客観性を担保するためには、介添人のその理解が妥当であるのかどうかということを確認する客観的判定人を付けるべきであろう。それは公正を担保する手段であって、差別ではない。

またメディアに依れば、両議員はベッドや車イスの使用者であるので、それに対応するための公用車の使用を要求とのこと。

それはおかしい。公用車は、議員が登院後に、別の場所にそれこそ公用で移動することが発生したとき、公用車の使用申請をするのであって、登院・退院（出勤・退勤）の費用は自前（交通費あり）であり、公費ではない。公用の意味が分っていない。自己の登院・退院時に特別仕様の乗物が必要なときは、自己の歳費を使って改造し、それを使用すべし。それが人間平等の意である。

念のために言えば、議長・副議長には専用車がある。これは三権分立の立法トップに対する車用であって、特別である。

その昔、日本人論の一つとして『甘えの構造』という本がよく読まれた。もちろん、すべてがすべて〈甘えの構造〉で日本人を観ることはできないが、今回、二人の重度障害者議員の要求や行動には、なにやら〈甘え〉が見える。覚悟の上の立候補には見えない。

人間はそれぞれなにがしかの身体的苦労をしていることが多い。老生もその一人であるが、可能なかぎり自己責任で律している。身体的苦労に対しては、それぞれがそれぞれにとって可能な方法で対応の努力をして生きていっている。重度・軽度の違いはあれ。

新両議員は、世に甘えるべきではない。己れの最善を自力で尽すべきであろう。

古人曰く、民の〔自己〕利《り》〔益〕におけるや、水の下《くだ》るがごとし。四旁《しぼう》〔まわりのどこへでも進み〕擇《えら》ぶなし、と。

民の〔自己〕利《り》〔益〕におけるや、水の下《くだ》るがごとし。四旁《しぼう》〔まわりのどこへでも進み〕擇《えら》ぶなし。

『商子《しょうし》』君臣

利：利益の機会。
四旁：まわり。

齋藤元彦前兵庫県知事の見苦しさ

老生の浪人暮しも、はや二十五年以上にもなるのう。浮き世ごときの値打ちは三分《ぶ》五厘《りん》とやら。さりながら、一族の若い衆と時々話すと、いろいろ得ること、あらーな。

先日、その若い連中の一人がやって来て、三日三晩、ま、よく食うわ、よく飲むわ、よくしゃべるわ、よく寝るわ、勝手に冷蔵庫を開《あ》けるわ、この老人から小遣いをふんだくるわ……なんとかならんかのう、と思いおる折《をり》、同じく〈人間が出来ておらん〉好例を新聞だねで見つけたわな。すなわち齋藤元彦前兵庫県知事。

この小僧、出処進退を心得ておらんのう。早く言えば、兵庫県知事という地位に、連連《れんれん》、おっと違えた、恋恋《れんれん》としておって、まあ見苦しいのう。

もしその地位になにがなんでも居《お》りたいのならば、ふだん、仕事はなにもしないことよ。部下の持ってくる決裁書に対して、中は一つも読まず、ポンポン印鑑を押せばいいのよ。これ、最高の上司。そして突如、半年に一回くらい、部下の持ち来る書類について徹底的に読み、十分でないところを厳しく叱りつける。

もちろん、部下は震えあがる。なぜなら、なってないとして、どこへでも飛ばされるからである。もちろん、それっきり、それっきりだから、もう夢も希望もなくなる。

ま、ま。そういう手練手管は、あのオッサンにはなかろうて。あの知事、ボクちゃんがそのまま大人になったような男じゃからと、このヒマ老人、そう思いおるうち、ふっと名言を思い起したわのう。

すなわち、孔子が弟子の子夏《しか》に教えた有名な一節である。『論語』雍也《ようや》篇に出ている。本文は短いので、全文を引いておこう。

子《し》（孔子）、子夏《しか》（高弟）に謂《い》ひて曰《いわ》く、女《なんじ》君子儒《くんしじゅ》と為《な》れ、小人儒《しょうじんじゅ》と為る無かれ、と。

この文、実は、とことんのところは、なかなか解釈が難しい。以下、あくまでも老生の解釈であるぞよ。

『論語』の中に、君子とか小人とかといった句がよく出てくる。『論語』訳書は世に多く出ているが、たいていは〈君子はりっぱな人、小人はつまらない人〉と解釈している。『論語』の公開された日本語訳のほとんどがそれである。

しかし、〈りっぱな人、つまらない人〉という区別には客観性がほとんどない。ということは、訳文がきちんとできていない。

そこで老生は、昔、『論語』全訳注（講談社学術文庫）を刊行するために必死に調べた、考えた。

その結果、「君子」をりっぱな人、「小人」をつまらない人とするような、わけのわからない訳をすべて捨てて、こう訳した。すなわち「君子」を「教養人」、「小人」を「知識人」と。

なぜか。決っている。孔子のまわりに集まった若い学生の九割は、就職（それも国家の大臣の次あたりの幹部）のためであったからである。己れの売りこみの際、ただ〈お勉強をしていました〉などというのではだめ。

というのは、乱世であった孔子の時代では、人々を統率し、軍事感覚に優れ、政治にほとんど誤まりのない……といった、今風に言えば、政治・軍事に明るいリーダーが求められていたのである。

とあれば、その根底は、〈人間作り〉である。それが古代社会におけるリーダー養成の大いなる目的であり、孔子が老年になって開いた学校は、その条件を満たしており、だからこそ全国から学生が集まってきたのであった。

そこでの学習は、まず知識人、さらに進んで教養人となることであった。しかし、孔子塾に集まった若い学生のほとんどは、まず知識人となって、それからは一刻《いっこく》も早く就職を願っていたのである。

そこで孔子が警告したことばが、もっと己れを磨《みが》け、ということばであった。それはいろいろあるがそれらの中で、最も人々の心に響いたのが、前引の文、すなわち「君子儒と為《な》れ、小人儒と為る無かれ」であった。

君子儒《くんしじゅ》
と為《な》れ、
小人儒《しょうじんじゅ》
と為《な》る無かれ。
『論語』雍也《ようや》
君子儒：教養人。
小人儒：知識人。

それなら「差別表現辞典」と「差別検察庁」をつくれ

老生、呆《ぼ》けてきたので、その昔、老生にあった遠慮などというゆかしきものは、いつのまにやら消し飛んでしまったわな。

じゃによって、世の真面目《まじめ》くさった（実はインチキの）話を聞くと、つい大阪弁となる。あんた、なに言うてまんねん、と。そ、もし、なに言うてけつかる、と言えば、これはもう元気一杯の喧嘩腰。

さてさて、その真面目くさったインチキ話とは、こういう話。『週刊ポスト』（二〇一九年九月十三日号）の特集「韓国なんて要らない」が、差別を扇動するひどい中身だと、インターネット上で批判され、同誌編集部が謝ったとか。

されば、まずは同誌と、『週刊ポスト』を生れて始めて買ったわな。盛り沢山の記事でサービス精神満点。

さて、問題となった韓国特集は〈「嫌韓」ではなく「断韓」だ　厄介な隣人にサヨウナラ韓国なんて要らない〉という旗印の下、軍事・経済・スポーツ等各方面について論評し、大韓神経精神医学会（ソウル大医学部・精神医学科の權俊壽教授が理事長）が公表した報告（二〇一五年）をこう引いている。

「韓国成人の半分以上が憤怒調節に困難を感じており、十人に一人は治療が必要なほどの高危険群である」と。つまり成人の半分の一割すなわち二百万人（韓国の人口を五千万人とし、四千万人を成人とすると、その半分の一割は二百万人）ほどの韓国人には、「間欠性爆発性障害」という病気があると、韓国の医学会がそう言っていることなどを紹介している。これらのどこが、いわゆるヘイトスピーチなのか、説明してみよ。

老生、『週刊ポスト』所載の韓国関係記事を虚心に読んだが、どこが差別なのか、まったく分らなかった。ヘイトスピーチと非難するならば、具体的に〈どこが・どういう点で差別なのか〉また〈差別とは何か〉をきちんと論理的にかつ事例を挙げて説明すべきである。感情的にキャアキャア言うのは論外。

なぜ『週刊ポスト』だけが差別批判という左筋に因《よ》る攻撃を受けたのであろうか。

例えば、一年前、二〇一八年十月二日号の週刊『エコノミスト』の大タイトルは「中国の闇」である。同誌中の諸タイトルは「家計の借金は破裂寸前（無人マンション、不動産バブル）・設備投資減り、ハードルは高い・住宅ローン抱えて消費低下……」と先行き絶望論が満載。二〇一九年の同誌九月三日号の大タイトルは「絶望の日韓」。連続差別ではないのか。

あの「中国ヨイショ」の毎日新聞の系列の『週刊エコノミスト』だが、厳しい報道をしているという点、事実への覚醒を促した点、それは〈論説〉として価値があり、差別ではない。

今回の『週刊ポスト』のテーマ「韓国なんて要らない」の諸論説を差別として闇に葬《ほうむ》ろうとする勢力こそ「日本の闇」である。

その一件中、珍妙な小話《こばなし》が生れていた。それは、『週刊ポスト』への連載執筆者のなんとやら（その名、本当に失念した）、その某が、〈差別をする〉同誌への今後の執筆を辞退とのこと。

結構なことではないか。有象無象《うぞうむぞう》のチンピラ売文業者が一人減るだけのこと。代替筆者は山ほど居《お》るわ。差別——と聞いただけで飛び上り、いや腰が抜けて這う這う赤ちゃんみたいなそんな手合いに、ジャーナリズムという鬼をも拉《ひし》ぐ修羅場で生きてゆくのは、土台《どだい》、無理。消えてゆくのが幸せというものじゃ。

文筆上の差別問題に対応する批判者らはこうすれば良い。案が二つある。

第一は、差別とする表現（単語のみならず短文も含めて）の辞書を作ること。もちろん単語だけではなく、文脈、文章に関わる詳しい例文を一項目につき必ず三例以上示すこと。

第二は、司法に差別検閲庁という役所を作り、差別語や差別者を徹底的に調査し、有罪にすることだ。われわれ文筆業者は黙って定型の左筋用語を呟《つぶ》やこう。例えば、（取り締りがきびしくなる）「軍靴の音がする」と。

古人曰く、天下は、一人《いちにん》の〈ための〉天下にあらず。天下の〈人々のための〉天下なり、と。

> 天下は、一人《いちにん》の〈ための〉天下にあらず。
> 天下の〈人々のための〉天下なり。
> 『呂氏春秋《りょししゅんじゅう》』貴公

舌先三寸の「死刑廃止論者」

世の老人の口癖《くちぐせ》は、「昔は良かった」である。ほとんどの老人はこれに同意。しかし、昔は良かった——これ、本当なのだろうか。

昔も今も、犯罪は消えていない。犯罪ほどではないものの、いじめは昔も今もある。では、昔は今よりも何が良かったというのであろうか。

老生、あれこれ思い巡《めぐ》らすに、気づいたことが一つあった。それは、秩序である。

この秩序にはいろいろあるが、次の二種に別《わ》けてみよう。すなわち（A）道徳的秩序と（B）法律的秩序とである。

この（A）・（B）の内、（B）だけはどのような時代・社会であってもほぼ同じ内容で保たれている。時の政権にとって、それは最も重要な統治手段であるからである。すなわち、いわゆる司法である。

司法は、ふだんは表に出てこないが、いざとなれば容赦しない。一般人は、その強大な国家権力に対して勝つことはできない。だから一般人は、法律的秩序を守っておれば、まずは安心というものである。

ところが、近ごろになって、とんでもないのが出てきた。ある若い男である。その男、新幹線に乗りこみ、自分とはまったく無縁の女性二人に凶器で襲いかかった。それを見た或る男性が止めようとしたところ、その男性を凶器で殺した。

この犯罪男、第一回公判で大要こう述べた。「刑務所で暮らしたいので殺人をした」と。この犯罪者が何を考え、どういう者であるかを冷静に観《み》てみよう。

まず第一は、自分が起した事件の裁判において、結果として死刑にならないと確信している。これは、どこから来ているのか。

裁判における永山《ながやま》規準である。死刑の判決を下すには、二人以上の殺人が基本とのこと。つまり殺人が一人のとき、死刑にならない確率が高いのである。それを、この犯罪男は知っているのだ。だから、重罪を犯して重罰を受け刑務所での長暮《ながくら》しを期待しているのである。事実、検事の求刑も無期懲役。

この殺人者には、労働精神はない。おそらくどこに勤めても長くは続かなかったことであろう。その点、刑務所内では、安いとはいえ労働分に応じての金銭が与えられる。住まいは刑務所だから食費や家賃の心配はない。病気になれば、所内の医療所で医師が診てくれる。もちろん親の介護はしないまま。

この男、裁判においてこう言っている。自分は人間をみごとに殺し切りました、と。その殺人被害者は模範的社会人であり、人柄も立派。残された夫人と幼児とのことを思うと切ない。なぜ真っ当《まとう》な人が殺され、刑務所入り志願などという下劣で、人間としてあるまじき発言を平然とする者が許されているのか、異常である。

老生、あえて言おう、こんな下劣な男、人間ではない。人豚だ。即刻死刑判決を、と。そこで問いたい。死刑廃止論者に。こんな人豚に対してでも、死刑から救いたいのか、と。そして更に問いたい。その理由は何か、と。

その応答の際について一言。一切、観念論・一般論で答えるな。例えば、人の生命は何よりも重いといった類。そういうのではなくて、己れが実践している具体的な形で言え。例えば、それらの人豚どもを自分の家に引き取り更生させているとか。信念があるのなら、そのように具体的に答えられるはずだ。

おそらく一〇〇%そういう個別的実践はしていないことであろう。ただ口先だけで人の生命は重い、大切と言い、その延長線上、死刑廃止と言っているだけなのであろう。そういうのを舌先三寸《したさきさんずん》と言う。いわゆる口舌《くぜつ》の徒である。

かの人豚男は、演技して正常な人間でないことを示し、死刑を逃れ、いろいろ工夫をして刑務所入りを果すことであろう。その生活費・医療費等はすべて税金に依《よ》る。このような不徳な男に、天罰が下《くだ》ることを祈るのみ。

古人曰く、貨《か》（利益）の悖《もと》りて入る者、亦《ま》た〔同じく〕悖りて出づ、と。

> 貨《か》（利益）の悖《もと》りて入る者、
> 亦《ま》た〔同じく〕悖りて出づ。
> 『礼記』大学
>
> 貨：利益。
> 悖：不正で。
> 入：得る。
> 亦：同じく。
> 出：〔不正なので〕身につかない。

桐島聡——左翼活動家の哀れな末路

二〇二四年一月末のころ、新聞各紙が伝えた記事に、今さらというものがあった。すなわち、「桐島聡」と名乗る男が病院で治療を受けたが、死亡したとのこと。それまでは、「内田洋」という偽名であったとか。

その本名とやらの桐島某は、過激派で、昭和五十年（一九七五年）ごろ、東京銀座のビル五階（韓国産業経済研究所の入り口ドア）に時限爆発装置を仕掛けた犯人として指名手配されていた。

この男、末期胃ガンであったとのこと。ところが死ぬ時には本名で死にたいという意向で本名を明かしたという話。以上が大筋。

この記事を読んだ老生、違和感を覚えた。己れが選んだ人生ではないか。己れ自身が名付けた偽名そのままで最期を迎えてこそ、人間的ではないのかと。

と言うのは、こういう理由だ。長い長い人類史において、姓名は特別の意味を持つ。すなわち、特定一族の一員であることを示す記号だったのである。例えば、老生の姓は「加地」

――ということは、加地姓の者は、同姓の者と婚姻関係を持つことができない。その理由は省略するが、同姓者以外すなわち自分と姓が異なる異姓者と結婚するのがルール。

これが、一族の根本原則。その一族に属していることを明示するのが姓である。逆に言えば、その人物の姓は、その姓を名乗る一族の一人であるという重要証明。だから一族（分りやすく言えば家族・豪族）の名に恥じる行為（殺人・放火・強盗・詐欺等）を犯した者は、一族の系図から名を抹消される。すなわち一族が破門、追放する。

となると、働くことができなくなる。なぜかと言えば、働く場合、かつては保証人が必要であったが、ほとんどの場合、一族のだれかに依頼する。しかし、一族から追放された者に対しては、一族のだれも絶対に保証人にはならない。ということは、まともな働き場所がどこにもなくなってしまうことになる。どうするか。江戸時代末までは、道は二つ。

一つは、乞食になる。もっとも、かつては勝手に乞食にはなれない。頭《かしら》の下で働く。

いま一つは、やくざになる。これは全国を流浪する。乞食のように一定地域で生活することはないので、各地にいる親分衆の元へ。ただし、挨拶をしなくてはならない。そこで、戸外で腰を折り、挨拶――すなわち保証人がないので自己紹介をする。いわゆる仁義を切る。「お控（ひけぇ）なすって、手前（てめぇ）生国（しょうごく）と発しまするは……」と。

それも流れるように澱《よど》みなく言えなくては、偽者《にせもの》と怪しまれ、ピシャンと戸を閉じられる。

この自己紹介は、一族のだれも保証人となってくれない、いや、一族と縁を切られた天涯孤独の者の生きる術《すべ》であった。

話をもどすと、仮名の内田洋から、本名の桐島聡にもどって死にたいというのは、彼の心の中にある、一族に帰りたいという淋しい望郷の念からであろう。

その桐島某は、まもなく死亡した。しかし、伝えるところでは、彼の遺体を親戚は引き取らないとのこと。哀しい話である。けれども、親戚には一族という立場があり、それは正しい。だれが石を投げられようか。

さて、結果として天涯孤独となった桐島某の一生とは何であったのだろうか。

常識的には、かつての仲間、いわゆる同志が彼の遺骨を引き取り、しかるべきところに納めるべきであろう。しかしそれは、まず期待できない。かつての仲間は、今やそれこそ小市民的平和な生活を送っている。桐島って誰？　というあたりがせいぜい。親族はもちろん無縁。学生時代の友人とも、恐らく無縁であろう。だれも彼のことを想わない。そんな淋しい人生を自分が作ったとは。

きちんと働き、堂々と自分の姓名を名乗って生きてこそ、人間なのである。

古人曰く、巖穴《がんけつ》（に居る）の士《し》、舎《しゃ》（そのすまい）より（出でて）趨《おもむ》くに、時有《ときあ》り、と。

巖穴《がんけつ》の士《し》、
舎《しゃ》より
趨《おもむ》くに、
時有《ときあ》り。

『史記』伯夷《はくい》伝

巖穴：見えない地。
士：りっぱな人物。
舎：すまい。
趨：世のために現れる。
時：タイミング。

第3章

教育こそ国家の要《かなめ》

「国防」にもつながる本質的「学制改革」こそ国家百年の計

老生、この世では余計者、無用者。老残の日々、この世に御迷惑をおかけ申しあげ続きのやくざ者。

それだけに、逆に御免なすってと仁義を切れば、天下御免の殴りこみは許されよう。

老生、もとより保守伝統派。自民党政権を支持している。しかし、宜《よろ》しくない点は宜しくないと言う。その近ごろの宜しくないものの第一は、日本での就労外国人の受け入れ拡大の法制化である。

メディアの伝えるところでは、経済界の要求が強く、それに対応しての話とのこと。

しかし、彼ら経済人は労働者不足と言うが、根本的に誤っている。まずそれを述べたい。

いったい拡大枠労働者とは何か。

その核は肉体労働者とサービス従業者とである。これを見れば、大凡《おおよそ》の見当はつく。

現在、日本に肉体労働者やサービス従業者の候補者は実は山ほどいるのである。そこらにいるのに、それが見えていない。

思いきって言おう。本来なら、肉体労働やサービス業等に進んで幸福な生活ができる者の大半が、なんと高校や大学に進学して不幸となってしまっているのである。

見よ、高校や大学の学力の実態を。例えば大阪府の高校入試の場合、トップ高の北野高・天王寺高等の場合、百点満点で九十七、八点を取らねば合格できない。一方、同じ入試問題百点満点で七、八点で合格できる高校がかなりある。

つまり本来ならば、義務教育を受けたあと、高校進学などせずに実社会の肉体労働等の仕事に進み、技術をしっかり身につけると、一生、食べてゆける者が多いのである。にもかかわらず高校進学をしている。そして悲劇が待っている。国数社理英――中身が分らない。そのため、高卒で就職しようとしても使いものにならない。やむをえず、なんと大学へ進学する。学生不足の大学ならフリーパスで入学できる。そして四年、ほとんど無為のまま、なんの技術も知識もないのが〈事務職〉に就き、そこから不幸な人生が始まる。

なぜか。答は明らか。無能な事務職員に待っているものは、いつの日かの首切り。そして、その中の何割かがひきこもりとなるだろう。

このような不幸な人生を歩む予備軍を作っているのが、現在の高校や大学の大半なのである。

ならば、本来、高校や大学へ進学の要がない中学卒業生に対して、文科省は新しい形の一年で諸技術を学べる技術学校を作り（高校に併設してもいい）、肉体労働技術を身につけさせて世に送り出せば、外国人労働者を日本に入れる必要などなくなるではないか。

そういう自主的な努力を、文科省も経団連もなぜしないのか。百年の計をもってこの問題に当れ。

老生のこの提案、賛成しても実現するには、時間がかかるであろう。そこでさしあたりの問題として、新提案がある。

新規入国の外国人ならびにすでに在住の外国人に対して、彼らの安全を日本が担っている以上、彼らから所得税等の課税とは別に、〈国防税〉として、年間二十万円を徴収してはどうか。仮に二百万人いるとすれば、四千億円。この税金を使って、徹底監視する。

こうした国防税は、現行前例がある。スイスは外国人の長期滞在に対して、この国防税を課している。一人につき、日本円で三十万円ぐらいと聞いている。

もちろん、この国防税を支払わない不良外国人は、それを理由に、直ちに強制送還することだ。それが別の意味の〈国防〉となる。

このように、外国人労働者に対しては厳しく管理することである。その間、日本においては、前記のような学制改革——形式的学歴などではなくて、人間の本質的能力に基づく学制改革をすることである。それが政治家にとって最も必要な〈百年の計〉なのである。

古人曰く、規《き》・矩《く》を以《もっ》てせざれば、方《ほう》・円《えん》を成《な》す能《あた》はず、と。

> 規《き》・矩《く》を以《もっ》てせざれば、
> 方《ほう》・円《えん》を成《な》す能《あた》はず。
> 『孟子』離婁《りろう》上
>
> 規：コンパス。
> 矩：定規。
> 以：使う。
> 方：四角形。
> 円：円形。
> 成：完成する。

教科書とは文科省が創作した物語の世界か

コロナ災厄――家にひきこもっての毎日、テレビで往年の映画を観る生活。それも老生一人で。家内は老生など相手にもせぬわ。

そのような日々、やや飽きが来ていたところに気になる記事が眼に入った。すなわち新教科書検定においての不合格というニュース。もともとは、二〇二〇年三月末の話であったが、その中身のいくつかが近ごろ表面化してきた。

それらの記事を読むうちに、漢文屋の老生の立場から見て、それはない、と思うものがあったので、それについて述べたい。

今回、不合格となった歴史教科書の内、自由社が編集したもの（以下、自由社本と記す）は、なんと前回は合格とのこと。にもかかわらず、今回、不合格とされた個所には、簡単なその理由が示されている。

もちろん、その理由は公的なものであるから、老生ごときも日本人としてそれについて論じることは許される。のみならず、老生の疑問に対して、文科省は整然とした返答をすべきであろう。いや、なすべきである。

さて、疑問点と言えば、まずは「魏志倭人伝《ぎしわじんでん》」ということばである。自由社本も同じく「魏志倭人伝」と記しているが、それに対して教科書検定担当者は何も文句をつけていない。おそらく自由社本以外の検定合格本に対しても同様であろう。だから、学校では「魏志倭人伝」と教えている。

しかし、「魏志」と称する文献など存在しない。在るのは「魏書」である。同じく「蜀書」「呉書」が存在し、後にその三書を併せて、さらに「三国志」と冠したまでである。また、「倭人伝」という分別された「伝」など存在しない。在るのは「東夷《とうい》」（俗に東夷伝）の中の一つ。だから、記すとすれば、『三国志』「魏書」東夷〔伝〕〔倭人の項〕である。それを略して「魏志倭人伝」とは、実体を無視した誤まった表記である。

とすれば、日本における現行の歴史教科書の同項は、すべて改善・改訂すべきである。

こうした問題点は、歴史教科書全体の問題であるから、今は暫《しば》らく措《お》くとして、個別的な誤まった検定の一つについて述べる。

すなわち、仁徳陵《にんとく》に関してであるが、仁徳陵について、自由社本が「祀《まつ》られている」と表記したことに対して、検定側は「生徒が誤解するおそれがある」からだめだとして、「葬《ほうむ》られている」が正しいと言っているとのこと。

これには驚いた。検定側が「葬」の意味が分っていないことに対してである。「葬られている」で終りではない。遺体は葬ってから、祀るのである。一神教系は土葬して縁者・知人がその墓を訪れて祈る。唯一神以外は祈れないから、偲《しの》ぶ。

しかしこれは、己れの心中で亡き人を祀っていることだ。インドは墓がなく祀ることはない。われわれ儒教文化圏では、墓に遺体を納めた後、命日はもちろんのこと常に死者に祈りの気持を持つ。すなわち祀り続けているのである。

仁徳陵の現地に行って見るがいい。観光的にぶらぶら歩いている者も多いが、心ある人は、正面において一礼しているではないか。それは、日本人ならば、亡き方を偲んでの、自然な作法である。むしろ進んで、自然な祀りとなっている。これこそ、われわれ日本人が大切にしなければならない作法である。

生徒たちを引率して仁徳陵に至り、「はい、仁徳天皇を葬っています」で終りというのならば、それは教養教育ではなくて、単なる物知り（それも初歩的な安物の）教育にすぎないではないか。

もっとも、祀りの心を非難し、〈仁徳陵は仁徳天皇の葬所としてだけ教えよ〉となると、逆にそれこそ大問題となる。と言うのは、いわゆる仁徳陵に、本当に仁徳天皇が葬られているという実証はないからである。いわば伝承。それを〈事実〉とせよとなると文科省が作った物語の世界と化す。それが公的検定なのか。

古人曰く、一言《いちごん》〔を聞くだけで〕以《もっ》て〔相手を〕知《ち》〔者〕と為《な》し、一言　以て不知《ふち》と為す、と。

一言《いちごん》〔を聞くだけで〕以《もっ》て〔相手を〕知《ち》〔者〕と為《な》し、
一言　以て不知《ふち》と為す。

『論語』子張

一言：一言《ひとこと》聞くこと。
知：知者。
為：判断する。
不知：愚《おろ》か者。

子供向けの中国古典入門書に涙

老生、もはや役立たずの呆《ぼ》け老人であるが、時々は御用《ごよう》を仰《おお》せ付《つ》かることがある。ま、「昔の名前で出ています」というところか。

さてそれは、某出版社からの御用である。或る有名本をアニメのタッチで作るので、その監修をせよ、と来た。

この呆け老人に、そのような今風のドンチャンガラチャンなどに関わらせるのは奇妙《おかし》いはずなのであるが、老生が専門とする中国思想・中国古典学に関わるという赤い糸を絶ち切れず、恐る恐る承諾した。

さはさりながら、生来、気が小さく、しかし見栄っ張りの老生、その予備学習すなわち予習をすることにした。

そこで一計を案じた。孫どもの内から高校生を選び出し、アニメの紹介を全体にわたってしろ、と。もちろん小遣《こづか》い付き。彼らは、ほいほい。

ということで、大阪では一、二を争う大書店のアニメコーナー、いや小中高生書籍コーナーへと乗りこんだ。

まずは驚いた。いや、大驚した。小中高生の学習書は別として、彼らのためのアニメ読物の圧倒的大量に、である。そのスペースの広いこと。書店用の大きな本棚五面、表裏合わせて十面、それが左右にあって、その間の通り道の長さは二十メートルもあろうか。しかし、それは一ブロックにすぎない。同様の形式のブロックが次々と連なっている。そのすべてがアニメ本である。腰が抜けたわ。

今は、そういう時代なのか。文字だけが詰まっている本は、どうやら少年少女たちにはお呼びでないことを、しかとこの眼で見た。

さりながら、それを非難する気はない。どこかの先生のように、文字有る本を読め、などと偉そうに言う気はない。なぜか。

決っている。文字よりも絵のほうが分りやすいからである。顧《かえり》みれば、老生の小学生のころ、確かに文字本を読んでいた。それしかなかったからであるが、その少年少女用の文字本の中に、ときどき絵が入っていた。そのスターは猿飛佐助《さるとびさすけ》であり、その顔は今も覚えている。遡《さかのぼ》って江戸時代、絵入り本は数多くあった。大人用も多かった。

そのルーツは絵巻物だっただろう。仲間が集まり、皆の座っている前で、さっと絵巻物を投げて広げ、順を追っての物語――まさに物語ってゆく名手がいたことだろう。その〈物語り〉朗読に長《た》けた人のまわりに人々が集まり、或るときは合戦に、或るときは失恋に、また或るときは友との別れに……人々は感動していたことだろう。

その現代版がアニメ作品ということか。ならばアニメも悪くない。と思いつつ書棚をずーっと見てゆくと、文字が中心の書籍も置かれている。その際、徹底的に振り仮名を付けている。それは絵の代りとなっている。

そういう振り仮名本の形で、かなり水準の高い本もある。なんと中国古典本もあるではないか。驚いた、少年少女に読ませるとは。

それらを見ると、『論語』に始まり、さまざまに在《あ》る。その中に、なんと『易《えき》』があるではないか。われわれ中国古典学業界には大昔から有名なジンクスがある。「易と説文《せつもん》（漢字のルーツ本）とには手を出すな」と。

これは『易』・『説文解字《かいじ》』は解釈の説が多様で泥沼に入ってしまうので危険、の意。

しかし、書店の棚に竹村亞希子《あきこ》・都築《つづき》佳《か》つ良《ら》『易経』（新泉社）が、でんと座っている。おう、と手にした。惹句《じゃっく》――キャッチフレーズは「こどもと読む東洋哲学・中国古典『易経』の超入門書」と来た。これを買わずにおれようか。この中国古典老学者をホロッとさせてくれたからじゃ。

と言うのも、中国古典学不振の近ごろ、その将来を思い、涙もろくなってきておる折、この応援団は嬉しいわのう。

少年少女諸君に、こうした入門書から中国古典に関心を持っていただきたいものである。

古人曰く、君子は、安《やす》きにして〔も〕、危《あや》ふきを忘れず、存《そん》して〔も〕亡《ぼう》を忘れず、治《ち》にして乱《らん》を忘れず、と。

> 君子は、安《やす》きにして〔も〕、危《あや》ふきを忘れず、存《そん》して〔も〕亡《ぼう》を忘れず、治《ち》にして乱《らん》を忘れず。
> 『易経』繋辞伝下
> 安：安全。
> 存：安定。
> 治：安泰。

「教育を受ける権利」は人それぞれ

老生、数え年八十九歳を迎えた。めでたくもあり、めでたくもなし、というところ。

今は、それこそ自由気儘《きまま》な日々、茅屋《ぼうおく》で読み落した書籍を散読、聞ゆるは演歌また演歌。

こういう無用の老人こそ世間様の迷惑か。

さりながら、思わぬ獲物もある。日本の敗戦後、勝者の米軍が押しつけた日本国憲法を眺めていて、ここだな、と思った。それは、第二十六条一項「すべて国民は、法律の定めるところにより、その能力に応じて、ひとしく教育を受ける権利を有する」である。

世の左翼運動家は、この条文の内、「その能力に応じて」を故意に削り、「すべて国民は……ひとしく教育を受ける権利を有する」として、教育に関して彼らの運動を推進してきた。しかも憲法遵守《じゅんしゅ》の旗を翳《かざ》して。水戸黄門さまの葵《あおい》の印籠を持ったのである。

しかし、この広い意味での改竄《かいざん》が、日本の教育を破壊し尽してきたのではなかろうか。

それは、こうである。

明治維新以後、日本国の近代化はすさまじいエネルギーの爆発の内に進んでいった。それが東アジア地域において突出していたことは、歴史の示すとおりである。

その推進力の一つとなったのが、公立私立を問わず大学であったことは言うまでもない。

続いて諸教育機関が生れてゆき、多くの人材を世に送り出した。

その際、二つの問題点があった。

一つは、そうした教育機関の出身者は、エリートとなった。

いま一つは、高等教育機関どころか、小学校への進学もままならなかった人々がいた。始まった当時は授業料が必要であり、貧しい家では、その負担に堪《た》えられなかった。まして小学校の次の中学校進学など夢であり、家庭内の雰囲気は、学校などに行かずに働らけというようなものであった。

そういう状況であったから、圧倒的多数の貧しい人々にとって学歴は夢であった。

大正のはじめごろでも、中学校（今の高校）進学者は、男子全体の七％ぐらいであった。

因《ちな》みに、老生が大学受験をした昭和三十年のころ、大学進学者は、なんと同じく七％。

というような状況であったが、昭和二十年代前期に始まるいわゆる〈団塊《だんかい》の世代〉が、社会一般におけるそれまでの高学歴羨望《せんぼう》とつながり、上級学校進学への爆発となった。そしてそれが続き、今日に至っている。

そうした進学ゲーム？　を強力に後押ししたのが、「すべて国民は……ひとしく教育を受ける権利を有する」という迷文句であったのではなかろうか。「その能力に応じて」というアメリカ流の能力主義など、日本人の感覚に合うわけがない。あの人も進学している、この人も進学している、みんな同じ人間よ、それならわたしも……というのが本音。自己責任といったものは見えない。

その結果か、自立できない泣き言《ごと》を言うのが出てくるようになる。

例えば、毎日新聞（二〇二一年三月三十日付）にこういう記事があった。短大卒業後、非正規雇用で働らいてきた女性（四十二歳）がコロナ禍の中、職を失ない、今、百三円しかない、二週間がカップ麺、と取材記者に訴え、だれも自分を助けてくれないと言っている。

老生、まったく同情しない。それまでどういう人生を送ってきたのか。助けてくれる一族も友人もいないのか。短大で何を学んだのか。記事の文面からは、人生を真剣に生きようとする気構えや、職業訓練所に通って世間に通用する資格取得への意欲……等々、人生を生きる意欲がまったく見えない。何のために上級学校へ進学したのか。

「その能力に応じて」高校卒業後は就職すべきであっただろう。そうすれば、この人に小さいながらも幸せが訪れたことだろうに。

古人曰く、是《こ》れ猶《なお》〔乗るのではなくて〕車《くるま》を陸《くが》に〔ただ〕推《お》すがごとし。労《ろう》すれども功《こう》無《な》し、と。

是《こ》れ猶《なお》〔乗るのではなくて〕
車《くるま》を陸《くが》に〔ただ〕推《お》すがごとし。
労《ろう》すれども　功《こう》　無《な》し。

『荘子』天運

〔話のはじめ〕車を動かす力量がないので。
陸：地上。
労：働らく。
功：成果

漢文を知らず歴史的視点も持たぬ楽天・三木谷浩史

老人は、暇《ひま》である。老生もその一人。となると、その暇つぶしを心配してくれてか、近所の老人クラブから時々案内パンフレットが来る。ありがたいことだが、御心配御無用。

老生の暇つぶしは、近所の医院通いじゃや。と書き記すと、赤字の健康保険をムダ使いしていると叱られよう。いやいや、この医院通いの費用は健保証内で納《おさ》まっておるわ。しかも、この医院通いは、楽しくってしかたがなく、健康増進になっておるぞよ。

なぜか。こういう理由。医院が患者用に週刊誌を購入している。それを読みに行くのよ。二個所の医院で、『週刊文春』『週刊新潮』をほぼ毎号読んでおるわ。プラス女性週刊誌を約四誌。合わせて毎週六冊、タダ読みよ。

いやいや、二医院へは二週間ごとなので、忙《いそが》しい、忙《せわ》しいのう、貧乏老人は。

さて、その患者用週刊誌を読む中で、まったく許せぬ内容があったので、一筆。

三木谷浩史（楽天《らくてん》グループ代表）の「未来」というコラム。題して「僕が経験した日米の学校教育」（『週刊文春』二〇二二年三月三十一日号）。

内容はこうだ。まずアメリカの教育をべた褒め。「国として論理的思考力を重視し、最低限の語学力と理数系の能力を培《つちか》おうという方向性がある」と。

一方、しかし日本では「〈いいくに作ろう鎌倉幕府〉と、語呂合わせで年号を覚えさせるような教育だ」と言い、「鎌倉幕府が成立した時代背景、その中世の社会の特色や価値観などを学び」どう考えるかというような問いかけはない、とボロクソ。

これを読んで、老生、久しぶりに嗤《わら》った。モノを知らぬ楽人《らくじん》（暇人）じゃのうと。よいかの、鎌倉幕府開幕の一一九二《いいくに》年のとき、アメリカなんざ、まだなかったわ。一七七〇年あたりにやっと生れた最近の国。年号なんぞお勉強しなくともすむのよ。

欧米人ら狩猟民族系の連中は、個人能力が重視される。その中からリーダーが生れる。部下を率《ひき》いる屁理屈《へりくつ》（屁論理）も上手になる。その大目的は、他者、他国を征服することだ。狩猟の腕が鳴る、というわけだ。

そのような価値観が刷《す》りこまれており、その中から個人主義というものが生れ、それに基づく教育が行なわれているだけのこと。

日本は、農耕民族。一族（家族）が団結して行動する。思考もそれに連動する。例えば、今日、大企業は大利益を得ているのに内部留保していると批判するのは〈欧米経済学で育った連中〉の意見。

そうではない。農耕民族は、災害や飢饉《ききん》や疫病などに備え、食糧等を備蓄する。これがお家《いえ》（本家・勤め先）大事の意識となり、現代では内部留保となっているまでのこと。これは一族（家族）主義。

狩猟民族系の代表がアメリカ、農耕民族系の代表が日本。そういう大局的、歴史的な視点を持たなければ、それぞれの国の意識や教育観など分らない。形式だけを見てアメリカを模倣するのは、愚の骨頂。

話は、大きくはそれで終るのだが、見過ごすわけにはゆかぬ文がある。すなわち三木谷某は、日本の教育内容を批判し否定して、このように言う。「中国人でも読まないような漢文をレ点や一二点をつけて読解することに何の意味があるのか……グローバル競争が激化する時代、求められるのは、『論理的思考力』に他ならない」と。

この個所を読み、老生、思わず天を仰いで歎息《たんそく》した。この人、古典の意味はおろか、レ点（正しくは雁点《かりがね》という）の役割について無知ということを知った。この雁点がそこに付けられているという事を通して、生徒がその該当個所の意味を正確に理解することができる。すなわち文に対する論理的把握を具体的に訓練することができるのだ。

漢文読みの人生であった老生、漢文の何かも分らず誹謗《ひぼう》する輩《やから》は、絶対に許せぬわ。

古人曰く、楽《がく》 盈《み》ちて〔大本《おおもと》に〕反《かへ》らざれば、則《すなわ》ち〔放漫に演じ、本来から〕放《はな》つ、と。

> 楽《がく》 盈《み》ちて〔大本《おおもと》に〕反《かへ》らざれば、
> 則《すなわ》ち〔放漫に演じ、本来から〕放《はな》つ。
>
> 『礼記』楽記
>
> 盈：音楽が最高潮になると自演〔ライブ〕したくなる危険がある。
> 反：正調にもどる。
> 放：しまりがない。

若者よ、「ゼニに負け」てどうする！

老生、歩くのは、ま、遠慮、という歳とはなったが、口だけは元気一杯。

それがまた、どうやら人さんに嫌われている理由のようじゃのう。どこへ行っても、そ、敬遠されておるわ。じゃが、それがかえって新発見の基《もと》ともなっておるわな。たとえば、こうじゃ、講演の講師となったとき。

老生、講演を担当するとき、近ごろは、立って話すのではなく、坐ってさせてもらうことにしている。立って一時間以上話すよりも、坐って話すほうが、もちろん、身体が楽《らく》であるからのう。

と言ってしまうと、身《み》も蓋《ふた》もない。それでは老人の繰《く》り言《ごと》となってしまうがな。いややクリゴトではのうて、大発見あり。

え？　それなに？　と来るじゃろう、待ってました、こうじゃ。坐って講演をすると、しぜんと語りかけ調となり、分りやすくなる。これホント。ところが立って講演をすると、しぜんと演説調となる。そして、諸君、がんばれ、と命令調となってゆく。これ実感。

さて、今や六月。新入社員も仕事に慣れてきたころだが、この時期があぶないとの話。すなわち、せっかく四月に入社したのになんと退社する者が出てくるという。それも意外や、退社の手続きを始めとして、始末を代行する会社があり、そこに依頼して退社するという。

思わず、ウーンと唸《うな》った。己れの母《かあ》ちゃんを求めるというわけか。なるほど、尻の始末は、昔から母チャンの仕事じゃものう。

若者のそうした落ちつきのなさを憂うのが、世のエライ先生方。その御高説はこうだ。日本経済は、すでに成長が満溢《まんいつ》になっているので、将来に希望がない。だから、自分の好きなことを〈自由〉にして生きてゆきたいという若者が増えているから……との御高説。つまり若者には、現世の日本への諦《あきら》めがあり、自分は自由に生きていたい、という話らしい。

こういった偉そうな話――驚いた。一言で言えば、浅薄である、とな。

日本がかつて高度経済成長をし、やがて当然のことで、不景気の波に沈んでゆく前かそのころか、流行した歌に「昭和枯れすゝき」というド演歌があった。

「貧しさに負けた　いえ世間に負けた」に始まるこの歌、老生、いや〈鬼の老生〉の心をも打った。

しかし、当時、社会人の多くは、その不景気をぐっとこらえた、こらえきったのである。

そういうことが、なぜできたのか。

理由はいろいろあるだろうが、老生はこう思う。制度や政策など大きな網《あみ》は政府の力ではあろうが、それだけで事がうまく進むわけではない。究極にある力は、人間の感覚や心構えである。

不景気の波に溺《おぼ》れつつはあったが、それに負けず、ずっとなんとかこらえきったのは、人々の〈我慢〉であった。

先《さき》の大戦中、そして敗戦後、日本は老いも若きも、物の不足の中で、必死に生きてきたのであった。老生は、終戦時、国民学校（今の小学校）三年生だった。四国の田舎に戦時疎開《そかい》していた。麦飯《むぎめし》――と言っても、米対麦は二対八ぐらいというすごさであった。しかしありがたくいただいていた。

そういう生活を送ってきた老生（そして同世代の方々）にとって、我慢は、美徳ではなくて、当り前のことであった。

しかし、今は物資が豊かになり、金銭《かね》さえ出せば何でも入手できる。そういう状況の中で育ってきた若者であれば、エゴ中心となるのは当然であろう。

昭和枯れすゝきは「貧しさに負けた　いえ世間に負けた」と歌う。今は「豊かさに負けた　いえゼニに負けた」若者の枯れすすきよ。

そんな生きかたをしていると、大きな幸《しあわ》せを失ってしまうぞよ、いつの日か。

古人曰く、利に放《よ》りて行なへば、怨《うら》み多し、と。

利《り》に
放《よ》りて
行《おこ》なへば、
怨《うら》み多し。
『論語』里仁《りじん》
利：利害打算。
放：……の立場で。

第4章

病める学界

浅田彰の左筋理論にもう飽き飽き

老生、今や老残の身。耳は遠いわ、眼は漠《ばく》としか見えぬわ、他人《ひと》の話も理解半分。逆に、こちらが話すとなると、これ大変。ことばが出てこない。アレアレ、ソレソレ、ウン、ソ、オッケー……と、これ何語かのう。

さりながら、八十年以上も読みなれてきた国語の文章は、なんと昔よりも、ずっとすらすら、すらすら読めるようになったがな。

先日のこと。或る新書、二百数十ページほどかのう、ササササと読み終ると、おう驚いたわな、なんと五分《ごふん》強。五分新書よ。

え、ホント？　大丈夫かあ、と再読してみたが、やはりほぼ同一の時間で完読。ウーンと驚くやら、疑うやら、自慢するやら、なにがなんだか分らぬこととあいなった。

じゃが、その書の中身、ほぼ覚えておるわ。いかが、と問われなば、さと答えよう、駄作よのうと。という非建設的な老残の日々。長生きするのも善し悪しじゃ。されば、五分《ごふん》新書なんぞ作るな、と言いたい放題。

さはさりながら、他に楽しみとてない本好き老人、街へ出ると書店に足が向く。聞けば、小さな書店は次々と消えていっているとのこと。老生、たまたま大阪に住んでいるので、大書店がかなり有る。これは有りがたし。老生の最大レジャー。買いもせぬのに、一時間や二時間は書店内を見て楽しく過《す》ごす。買うのはわずかで申しわけなし。

というある日、毎日新聞（二〇二三年五月二十六日付夕刊・大阪）を読んで驚いたわな。

その昔、人気のあった人物への長文のインタビュー記事が出ておった。その人物、浅田彰《あきら》と言う。紙上、略歴と人物とについて簡単な紹介があった。それを読んで、『平家物語』ではないが、その落ち目の姿にな、諸行無常《しょぎょうむじょう》と感じ至ったわぞよ。

この浅田某、当時、クリクリ小僧の感じじゃったので、浅田坊か、いや、浅田坊やか、どちらでもいいが、そのコロコロ、クリクリ、少年の感じが世人に受けたわな。

さて、そのインタビューの内容じゃが、驚いた。どこにも独自の意見というものが、まるでない。どれもこれも、そこらの左筋の連中の言っていることと同じ。

例えば、「日本に必要なのは、軍事力でなく外交力です」と来た。これ、左筋が絶えず言っていること。では質問するぞよ。外交力の中身とは、いったい何を指すのか。具体的に示してみな、とな。

「世界はヘイワに行きましょう」とかなんとか言って世界のどこへゆくの。誰も相手にせぬわ。外交力のパンチ力はただ一つ。相手にいくらゼニをばらまくかよ。どこの国へ行っても日本に求めるのは、ゼニゼニ、ほれゼニゼニ、ではないか。それが分らずして世界分析など、とてもとても。

また例えば、「バイデン米大統領は被爆地に核のボタンを持ちこんだという。無神経にも程があります」と言う。アメリカ大統領は、もし核がアメリカに撃ちこまれたならば、即刻、反撃するために核爆弾使用命令を発するのに必要なものが入ったケースを持ち歩く武官が大統領のすぐそばに常にいる。二〇二三年春、広島で行なわれた会議に参加の時も、当然、同様。そのことを浅田某は非難している。それは、世界を知らぬオセンチ文句にすぎぬ。

またこう言う。「結果的に潤うのは米国の軍事産業です」と。もう聞き飽いたこの作り話、デマゴーグ。〈戦争によって儲《もうか》るのは、軍事産業〉という左筋の伝説を今もまだ信じているのか。地球規模の現代経済の大きさというものから見るべきだということが、なにも分っとらんのう。

等々、まだまだ批判すべきところ多き浅田某の現代観、これぴしゃりと言えば、何十年も昔のままで勉強しとらんということよ。

お、聞こえてきた、小林旭《あきら》の絶唱、「むーかーしの名まえーで出てーいーまーす」とな。

古人曰《いわ》く、それ功の成るは、〔常の努力が必要で〕成るの日に〔突如〕成るにあらず、と。

それ功《こう》の成《な》るは、
〔常の努力が必要で〕
成るの日に〔突然に〕
成るにあらず。
蘇洵《そそ》『管仲《かんちゅう》論』

「学術会議非任命事件」はアホを判別する踏み絵

まったく偶然のこと、『機』というパンフレットが老生に伝わったのである。藤原書店という出版社がある。老生とは何の接点もない。おそらく、老生の書斎には同書店の刊行物は一冊もあるまい。そういうことは珍しくない。その藤原書店の読者会員誌が『機』とのこと。なんと月刊誌で三四四号。長命である。

その号に特集があった。「『学問の自由』とは何か」というテーマで。

このテーマ、もとより二〇二〇年十月来騒ぎに騒いできた「学術会議新会員任命拒否」問題。そしてそれについて六名の寄稿がそこに公刊されている。

その寄稿者の一人、村上陽一郎は、或る仮説を立て、それに基づき、「今回の出来事で、六名の方が『研究上の自由』を侵害された、という議論は、的外れになることは確かではないかと思うのです」とはっきり述べる。お美事。

六人の執筆者、それぞれ筋道を立てて自己の意見を述べているのはいい。特定傾向的な発表物のほとんどは、ただ反対、反対、学問の自由を守れ、とシュプレヒコール（唱和）

しているだけであり、読む価値はない。

しかし、この騒ぎから、面白いことが一つ生れてきたこと、これは特筆に価する。

それは何か。踏絵《ふみえ》である。

江戸時代、キリスト教を禁止するため、マリアやキリストの像に対して、足で踏ませて、信仰者かどうかを判断した。たとい信者であっても、踏む者も多く、その者は許された。改宗と判断されるからである。いわゆる〈転びバテレン〉。もし転ばなければ、転ぶまで凄惨《せいさん》な拷問《ごうもん》が待っている。もちろんその終着駅は、死か改宗かである。

当時のキリスト教は、先進国の世界侵略政策（弱小国の植民地化）と連動していたので、こうしたキリスト教厳禁政策は正しかった。それは当時における安価で有効な国防方法だったからである。

という故事を想い起してくれたのが、例の「学術会議新会員候補者六名の非任命事件」であった。

この事件を前に、（A）当り前だ、政府の判断は正しい、（B）反対だ、学問の自由を侵す誤りだ、否だ、という二つの立場が出て来た。

これは一種の踏絵である。いわゆるキリスト画像を前にするものとは異なるが、（B）は、政府案へ反対の立場である。

すなわち、政府案に賛成か反対かと問題を突きつけられたので、大急ぎで反対、反対と喚《わめ》いている大学人や評論家や作家や芸人らが、いま湧出《ゆうしゅつ》している、次々と。

もちろん、大半が凡庸な連中なので、独創的な視点や観点などはない。単なるワッショ、ワッショのデモレベル。しかし、そこが面白い、極めて日本的なところだから。すなわち、御近所さん（思想傾向同一グループ）とのお付き合いとなると、大急ぎでワッショ、ワッショするところ。

そういうのを俗論と言う。

それと比べて、先引の雑誌『機』の特集における論者六人は、それぞれこの〈俗論〉と異なって自己の観点を示している。すなわち俗論に阿諛追従《あゆついしょう》せず、ともあれ〈自己の論〉を出しているところは、気に入った。もっとも、その内の三人の論については高い評価をしないが、それは別問題。

となると、大メディア上に次々と出てくる政府決定反対論の独自性なき陳腐な駄文は、いったい何の価値があるのだろうか。

もっとも、老生のような保守反動にとっては得るところがある。それは、その論調で或る特定集団に属している分子だな、ということが続々とあからさまになってゆくからである。あ、この男も、おう、その女も、へぇー、あの爺《じ》さま、ふーん、この婆《ば》さまもな、と。

わが心の中の対人評価の踏絵、面白し。

古人曰く、大《おお》いに惑《まど》ふ者《もの》は、〔物真似しかできず〕終身《しゅうしん》〔真理を〕解《と》けず、と。

大《おお》いに惑《まど》ふ者《もの》は、〔物真似しかできず〕
終身《しゅうしん》〔真理を〕解けず。
『荘子《そうじ》』天地
大‥とてもとても。
惑‥理解できない。

無能・無力な学術会議が喧嘩を売るとはいい度胸

世の中、世間知らずの愚者《おろかもの》集団がいろいろとあるが、その最たるものは、二〇二一年四月下旬に声明を出した日本学術会議である。

周知のように、半年前、日本学術会議が出した会員候補の内、六名を首相が任命しなかった。それに反抗する延長線上に現われたのが、同会議の四月下旬の声明である。

しかし、政府はそれを一切無視。状況はなにも変わっていない。すなわち日本学術会議なるものが、いかに無力なものであるかということを、よく示している。

老生、日本学術会議にまったく無縁な者であるが、今回、政府の任命拒否があってからの日本学術会議の声明や行動を新聞紙上等で知るかぎり、日本学術会議の行為・考えかた等について一言で評せる。すなわち集団になると〈愚者〉となる典型と。良識も常識も見識もない有象無象の集団であり、こんな集団が日本の学術問題を背負っているなどと自分で言うのは噴飯《ふんぱん》もの。

日本の学術、延《ひ》いては日本の学術問題を背負っているのは、個々の研究者である。小学校の学芸会ではあるまいし、集団だからと言って、日本の学術を代表しているわけではない。それが証拠に、今回の任命拒否された学者六人は、その研究分野において歴史に残る学説を創造した人々なのか。老生、別分野の者であるが、寡聞《かぶん》にして知らない。

では、お前はどうなのだと問われれば、即答しよう。老生、百年は残る学説二点を創造した。その学説に基づけば、中国古典学を根底から理解できると自信をもって伝えよう。

そうした学説創造に至るまで、すべては〈個人〉の努力に依るのであって、日本学術会議などという集団のお世話になったことなどまったくない。彼らが下らぬ会議に時間を費やしている間も、老生は必死になって研究を続けていた。研究に必要な費用は、生活費を節約して作り出していた。不足のときは、一般人向けの原稿を書いて補なっていた。

彼らは、なにかと言えば、研究費研究費と騒ぐ。それ、本気なのか。

文系それも古典学の老生、或る古典を解読するのに、量にもよるが、相当の時間を要してきた。もちろん、精密に〈眼光　紙背に徹する〉沈黙の読解――その苦悶《くもん》と歓喜とは、個人の孤独に徹するところから生れる。研究者に対する悪環境は、チャラチャラした会議や学内政治である、と断じておこう。

にもかかわらず、日本学術会議なるものは、特定の政治運動の下に蠢《うごめ》いている。その組織が研究者にとって本当に必要不可欠のものであると称するならば、国家の庇護《ひご》など振りすてて、研究者を集めた民間集会にすればいいではないか。本当に必要と言うのならば、年会費一万円として、仮に一万人が集まれば、一億円（同会議現行予算額）を作れるではないか。研究者会員を仮に三十万人とすれば、三十億円を集められよう。それこそ国家から独立した真の日本学術会議となるではないか。

しかし、日本学術会議にはそのような発想も見識も度胸も皆無。ひたすら国家予算にぶらさがっているだけである。それでは学問の独立などありえない。まして国家有為の学術的献策など思いも及ばない。

要するに、同会議をつぶしてしまっても、研究者の研究になんの支障もないのである。

そんな不要なものに対して国家が十億円もの予算を組むこと自体が問題であろう。そのような予算の余裕があるならば、二十代後半から三十代前半にかけての無職文系研究者約千人に対して十億円を分配すれば、一人につき年間百万円の研究費を支給できるではないか。それこそ若い研究者に対する援助となる。

理系研究者に対しては、関係企業が研究費をドンと給付すればいい。企業にとって彼らは新しい戦力となるからである。

無能にして無力な日本学術会議が政府相手の喧嘩《けんか》とは、笑わせる。見物《みもの》だな。
古人曰く、蟷螂《(かまきりが)》の斧《おの》を以《もつ》て、隆車《(大きな車)》の隧《(方向)》を禦《(邪魔しよう)》がんと欲《ほつ》す〔ような馬鹿な話よ〕、と。

蟷螂《かまかま》の斧《おの》を以《もつ》て、
隆車《りゅうしゃ》の隧《すい》を禦《ふせ》がんと欲《ほつ》す〔ような馬鹿な話よ〕。
『文選《もんぜん》』陳琳《ちんりん》の文

蟷螂：カマキリ。「蟷」は「螳」とも。
の：が。
斧：前足。
以て：使って。
隆車：大きな車。
隧：わだち。車の行く方向。「隧」は「隊」とも。
禦：じゃまする。

政府の投げ銭に頼らず民間で生きよ

この老人、世の行く末を憂えておるぞよ。いや、正確に言えば「世」と言うよりも「日本」であろうか。

老生、もとより神でもなければ偉人でもないので、人類だの生物だのという広大な分野について論ずる器量はない。老生の最大分野は、日本である。これなら、できる。

率直に言って、外国については、よく分からない。その決定的理由は、相手国（中国・台湾は除いて）の言語について無知だからである。そうした立場の老生からすれば、不思議なのは、「国際なんとか学」という看板を掲げる人種の存在である。彼ら彼女らは、その種《て》の看板の下、テレビにチョロチョロ御出座《おでま》しであるが、その意見のほとんどは、大したことはない。日和見《ひよりみ》俗論である。「学者」というような看板には不似合いぞ。

理系はいざ知らず、文系のそうした連中をも含む日本学術会議なる集団の記事が出ていた。すなわち、菅義偉《すがよしひで》元首相の時代、同会議の新会員六名の非承認を不服として、任用をせよという再度の申し入れである。

率直に言って、まだヤットルのか、という気持である。しかも、その申し入れをした人物は、同会議の会長、すなわち梶田隆章。

この梶田某は、ノーベル賞受賞者である。しかし今のその姿や、雇われマダムならぬ雇われオヤジという老残の哀れな姿である。

梶田某が本物の研究者であるならば、研究現場との直接的関わりの中で、有益な発言をするべきであろう。

あるいは、日本学術会議を学問研究のそれこそ本山としたいのならば、政府などとの関わりを絶ち、独立独歩、それこそ自主独立すればよいではないか。政府予算に頼るなどというブラサガリ根性では、学問研究の真の自由は生れない。

日本の大学における理系研究界において、われわれ文系研究界では信じられないような巨額の不正支出が発覚している。その代表は、京都大学モンキーセンター（俗称）の十億円を超える不正支出である。あるいは私学においても、近畿大学医学部（法医学）の約一・四億円を超える不正。

ということは、億以下の規模の場合、もっともっとあるだろう。なにしろ億単位以下の研究費であるから、不正操作をしようと思えばできる可能性がある。

その点、文系の場合、個人研究費ならば百万円以下。不正支出をしようにも余裕がない。せいぜいボールペン一本を値切る程度よ。

不正使用は、政府予算ブラサガリから来る緩《ゆる》みであろう。とすれば、例えば日本学術会議は研究費の増額要求ばかりするのではなくて、研究者に対して研究費使用に当っての道徳心の向上を図るべきであろうが、そのような話は聞いたことがない。

よく研究費不足が言われているが、その実態は何なのであろうか。

文系の老生が現役時代に感じたものは、自分が自由に使える人件費がほとんどないことであった。助手（現在は助教）はいたが、研究者予備軍メンバーであるので、実質的には手足のように使えない。結局は己れ自身が己れのための助手役も果さざるをえなかった。それが文系の現実であった。

となると、研究費に頼らず、自腹を切って、身体の休息もなく、目的に向ってひたすら驀進《ばくしん》するほかなかった。その迷惑は己れの家族が受けるほかはなかった。それが文系研究者の宿命であった。今もそうである。

その運命は、己れ自身が選び定めたものであるので、誰の所為《せい》でもない。在《あ》るものは、自主独立という研究者の気概だけである。

日本学術会議よ、政府の投げ銭に集《たか》らず、自主独立、民間の中で生きよ。
古人曰く、既《すで》に之《これ》（金銭）を得《う》るや、之を失はんこと（無くなってしまうこと）を患《うれ》ふ。苟《いや》しくも之を失はんことを患ふれば、至《いた》らざる所《ところ》なし（どんな手段をも取る）、と。

既《すで》に之《これ》（金銭）を得《う》るや、
之を失はんこと（無くなってしまうこと）を患《うれ》ふ。
苟《いや》しくも之を失はんことを患ふれば、
至《いた》らざる所《ところ》なし（どんな手段をも取る）。

『論語』陽貨

之：金銭。
失：なくなる。
苟：もしも。
至ら……所なし：なんでもする。

医学部受験者は社会人を対象とせよ

二月——となると、世の関心が一つになる感じがある。これは平和日本であるからであろう。もっとも、これから先は分らぬが。

さてその関心とは、大学入試。老生、元は教員であったが、はるか昔に引退してからは、その関心、ほとんどなくなった。大学入試、と聞いても、あ、そう、という程度。

となると客観的になり、大学入試の欠陥があれこれと見えてくる。そこで、今回はその欠陥の根本を述べてみることにする。

それは、大学入試における医学部入試である。現在、医学部入試は、異常に激烈である。医学部の入試合格のみを目的とする受験コースまである。

その昔、約七十年も前か、老生も大学受験生であった。友人たちと入試についてあれこれ的はずれな話をよくしていたが、話題として医学部の話はほとんど出なかった。

大体において医学部受験生は〈大人《おとな》〉の感じであり、われわれ〈小僧《こぞう》〉とは違っていた。

というのも、家が開業医の者が多く、始めから医業継承という感じであった。

むしろ文学部受験者のほうにサムライが多かった。老生らの大学入学時、入学者の最低点数は、文学部も医学部もほぼ同じであった。文学部の同期入学生の中には、ずっと年上の旧三高（第三高等学校）出身者もいた。三高卒業後、戦後の混乱のため、旧制大学に進学できず、家業に従事し、やっと余裕ができたので新制大学に入学してきたわけ。昼食休みのとき、「紅《くれない》　萌《も》ゆる……」と旧三高寮歌をわれわれ新入生が集って歌っていたが、その年上入学生、そばでじっと聞いていた。やがて徐《おもむ》ろに進みでて、こう啖呵《たんか》を切った。「正調、第三高等学校寮歌……」と。そして、ものすごく速いテンポで歌った。われわれは呆気《あっけ》にとられて平伏。

などと昔話をするので老人は嫌《きら》われる。しかし、医学部の話であるから、ぜひ聞かれよ。映画――もうその題名は忘れた。アメリカ映画で、俊才《しゅんさい》医師が主人公。優秀だったので抜擢《ばってき》され、或る大学の教授となった。そして赴任して医学概論の講義を担当。その最初の日、教壇に立ったとき、受講学生らが雑談をしたり、欠伸《あくび》をしたり……ざわざわした感じであった。それと言うのも、若い教授の初講義であり、馬鹿にしたわけである。

俊才教授はどうしたか。或る学生に命じた。教科書のどこでもいいから開き、ページ数を言え、と。学生、ページ数を言う。すると、そのページの最初から文章をざーっと空《そら》で読み終えた。続いて任意に指名した別の学生にテキストを開かせると、同じくそのページの冒頭からざーっと空で読みあげる……学生らは圧倒されシーンとなる。そのとき、その俊才教授がこう言った。「これが医学だ」と。

この昔話、今や本当に昔話となった。と言うのも、現代では、暗記は一定程度でいい。なぜなら昔の学問は記憶が主流であったが、現代では記憶はＡＩが行なう。それも巨大な蓄積をしてくれる。

となると、医師には、記憶力よりも思考力、それも人間の心に響く力がこれからは求められるであろう。となると、人間社会での経験の豊富さとか、生きることの重さへの深い理解とか、志の堅さ高さといった〈人間性〉が最も大切になってくるであろう。

すると、人間の生命と心とに関わる医師は、相当の人間力の持主でなくてはならない。そのような人間を選ぶとなれば、社会経験を有した人物がいい。すなわち、医学部受験者は、高校生ではなくて、一般社会人を対象とすることである。

医学部は、高卒生からではなくて、大学卒業生（文・理を問わず）から選抜してはどうか。在学期間は二年で充分。そして大学院進学。そこで本格的に医学を学ぶ。医学部進学者は、文学部出身者でも工学部出身者でもいいとすると、人間と直接にかかわる医学はめざましい新展開をするであろうと自信をもって予言しておこう。

現在の大学入試において医学部がなくなることは、他の学部にとっても大賀、大賀。高校生は、まずは大学へ進学することだ。

古人曰く、珠玉《しゅぎょく》は虚玩《きょがん》（飾りもの）に止《とど》まるも、穀帛《こくはく》（穀物や織物）は実用《じつよう》あり、と。

珠玉《しゅぎょく》は虚玩《きょがん》（飾りもの）に止《とど》まるも、
穀帛《こくはく》（穀物や織物）は実用《じつよう》あり。
『劉子《りゅうし》』貴農

珠玉：真珠や宝玉や。
虚玩：飾りもの。
穀帛：穀物や帛《きぬ》（絹）や。
劉子：撰者未詳。

大学教員への〈就活〉に悩む者に〈志〉ありや

人生、終りに近づくと、周辺にいろいろなことが起る。老生、今まさにそれである。すなわち、相談役として。もっとも老生は現役ではないので、何の力もない。できることは、若干のアドバイスにすぎない。だから細々とそれなりのアドバイスをしている。

そういう生活の中で、気になる相談があった。要約するとこうである。

当人はこういう気持ち。すなわち自分は小・中学校以来、一生懸命、勉強してきた。大学も難関校を突破し、大学院も無事に終え、博士号も取得し、博士論文の著書もある。なのに、いまだに大学に就職できないでいる。もう四十歳に近い。どうすればいいのかと。

この話、昔の老生であれば、当人の就職活動に力を貸したであろう。しかし、今の老生には、就職への助力はしないのみならず、この人物の泣きごとに対して不愉快であった。と言うのは、この人物の話の中に、〈志《こころざし》〉というものが見えないからであった。

すなわち、この世に生を享《う》け、親に育てていただいた。それは、ありがたいことであった。ならば、自分は人間としてこの世において何をなすべきかということを考える期間が、小・中・高の時代なのではないのか。

もちろん、その思考のプロセスは幼いであろう。しかしそれでいいのだ。宇宙へ飛び立ちたい、海岸石を集めたい、日本全国を旅したい、苦労している親を助けたい……それでいいのだ。そこに夢がある。志がある。

しかし、前引の無職の四十男には〈志〉が見えない。ただ大学教員になりたいという〈就活〉希望の歴史があるのみである。

となると、われわれ老人の悪い癖《くせ》ではあるが、「俺らのころは」という話をせざるをえない。もちろん聞くのがいやなら聞かなくともいい。

その昔、例えば老生の場合、高校で始めて漢文を習った。今と違って、そのころの漢文の授業は、戦前の流れ、すなわち国漢（国語と漢文と）的感覚であった。漢文は国語と並列、対等ということであった。今日と異なり、漢文は独立的であった。だからであろう、週に五時間の国語の内、三時間が国文系（現代文一、古文二）、そして二時間が漢文。その点は旧制中学校的であった。

しかも教員がすごかった。国文は山崎馨《かおる》（後に神戸大学教授）、漢文は福永光司（後に京大教授・東大教授）であった。昭和二十七年（一九五二）、いまから七十年以上前のことである。

その先生たちは、学徒出陣によって戦線に行き、敗戦後、高校教員となっておられた。老生、福永先生から漢文の〈面白さ〉を学んだ。そして中国哲学専攻への道を志《こころざ》した。もちろん、大学教員になる、なれる、といったことは一切関わりなく。

当時の中国学を志す者はみな同様。生活は、定時制高校いわゆる夜間高校教諭となることで十分だった。

大学院時代、老生は大阪府立高津高校教諭（定時制）であった。公務員である教員の大学院在学は当時は違法であったが、校長はそ知らぬ顔をしていた。ありがたかった。校長はサムライだった。

そういう環境の中にあった大学院生は多くいた。貧しかった老生は、専門書籍を買うために、さらに昼間に非常勤講師までした。大阪府立泉尾高校、同住吉高校、同大手前高校、私学の大阪高校、金蘭会《きんらんかい》高校、果ては夕陽丘《ゆうひがおか》予備校と。そしてZ会への漢文問題の出題も。そのようにして求めた漢籍二千四百冊余や軸類を、二〇二二年春、大阪大学に寄贈し「加地伸行文庫」として目録を作っていただき、ありがたいことと感謝している。

こうした老生の生涯は、ただ一つ中国哲学研究の志を貫いたことであった。

研究職に就けるかどうか、そんなことは二次的なことである。高校への就職は努力すれば必ず教職につけられる。生活基盤はそこに置き、あとは死に物狂いの研究である。価値ある研究を発表すれば、それを見ておられる方が全国に必ずいらっしゃる。それを信ずることである。

古人曰く、国《くに》　将《まさ》に亡《ほろ》びんとするや、本《もと》　必ず先《さき》に顚《たお》れ、しかる後《のち》に枝葉《しよう》これに従《したが》ふ、と。

国《くに》　将《まさ》に亡《ほろ》びんとするや、
本《もと》　必ず先《さき》に顚《たお》れ、
しかる後《のち》に枝葉《しよう》これに従《したが》ふ。
『春秋左氏伝』閔《びん》公元年

顚：倒れる。
穀帛：穀物や帛《きぬ》(絹)や。
劉子：撰者未詳。

ゴマンといる英文学者は英国の政治行動を研究せよ

オリンピック騒ぎも終った。今は宴《うたげ》の後の日々ではある。

想い起せば、オリンピック競技とは別のストーリーが流れていた。例えば、某国人は来日したものの、出場選手になれなかったとやらの理由で、宿舎（大阪の泉佐野市）から脱出して名古屋方面に逃亡した。帰国しないためであった。まずその点が奇妙な感じだった。なにか自己中心的だった。

もちろん保護された。供述では、祖国では生活が苦しいので、日本で働らこうと思ったからとのこと。エゴそのものだ。

こうした日本への逃亡（政治的亡命ではなくて）は、かなりあると聞く。例えば、来日したものの勉学の気持を忘れて男と同棲。やがて男の暴力に苦しみ逃げ出す。しかしそのことは隠して勉学一心という日本人向きのこじつけ理由で、日本在留を世に求める。すると必ずお人好し日本人が現われる。その種《て》の不良外国人側に立って、その外国人が有利になるようあれこれ取り計らおうとする。

それほど言うのなら、お前がその外国人を自分の家に引き取り、保証人となり面倒を見るべきなのに、それはしないで、公的機関になんとかしろと幼稚な理屈をこねている。

そうした事件がいくつも起っているが、日本の入管事務所はしっかりと対応しているので安心である。某国の入管事務所などは、金銭を握らせると通し、泣きつくだけのは追い帰す。慣れたものであるが、一般日本人においては賄賂《わいろ》を教える豪の者は少なく、ただ「何とかしてあげたら」という無責任な態度。その点、日本の入管の厳しい態度は勝《すぐ》れている。

不良外国人を追い払ってくれている。

しかし、外国人への日本人一般の甘い態度は、どうしてなのだろうか。

日本は全体として、非常に幸運な位置にある。周辺は海。ただ一つ朝鮮半島とは近接しているものの、その間に海が有るので、陸地続きの不安というものはない。その代り外国人とのつきあいに慣れていない。

この日本の状況と似ているのは、英国である。英国はヨーロッパ大陸諸国と協調しているものの、いざ国益問題となると独自の行動を取る。難民不要の立場からのEU離脱は、その典型。英国は、ヨーロッパ大陸から離れていると言っても、ほんのわずかな距離。

話を戻《もど》すと、日本は、英国の政治行動について研究を怠らないことである。もちろん、状況は同じではないが、地形的には似ている。明治時代のころのような物真似をするのではなくて〈英国〉を研究すべきであろう。

日本の大学文学部において、専攻分野で最も多いのが英文学である。その分野に属する大学教員は、万を超えることであろう。

しかし、イギリスについてのこれという勝れた論説、アッと驚く鋭い本質論が生れている、生れてきた、という話は、一度も聞いたことがない。

それは、おかしいのではないか。なるほど明治のころは、欧米列強に学ばざるをえなかった。だから高等教育において、まずは語学とばかり英語・ドイツ語・フランス語が必修。特に英語が普及した。

しかし、現代では、語学そのものは、なにも学校で教え学ばずとも、学習機会は山ほどある上に、いわゆる実用英語は、塾で学ぶほうが、理解も早く、学習も充実。

とすれば、日本の大学における〈英文学様御繁盛《ごはんじょう》〉に、いったいどういう意味があるのだろうか。

もちろん、大学の生命は、研究である。その研究において、現在、国家・社会のためにいったいどういう成果を出しているのであろうか。ほとんど聞いたことがない。

今や令和。明治時代から百年以上となる。近代外国に関する語学訓練の意義は、もうない。ただお役所風に、去年の予算より今年のそれが増えますように、という調子の専攻万歳の時代は終ったのである。

古人曰く、貨《か》〔を、〕悖《もと》りて（道理が合わずして）入《い》れば、〔必ず〕悖りて出《い》づ、と。

> 貨《か》〔を、〕悖《もと》りて（道理が合わずして）入《い》れば、
> 〔必ず〕悖りて出《い》づ。
> 『礼記《らいき》』大学
>
> 貨：収入。
> 悖：道理に外《はず》れたありかた。
> 大学：四書の一つ。

京大の研究費不正支出は研究者の恥さらし

老生、専任として勤務する大学の現場を離れて、もう三十年近い餘《あまり》。そのころの宮仕えの記憶は遠く、今は浪々の身。

そういう浪人にとって、それこそ驚天動地のニュースを知って、腰を抜かしたわ。すなわち、京都大学霊長類研究所が研究費約五億円を不正支出したとのこと。

貧乏性の老生、何よりも五億円という金額に驚いた。理系の研究に対しては、高額の研究費が提供されているということは、もちろん知っていた。しかし、そのときの理系研究費のイメージは、特殊設備や工学機具の購入といった、高額になりそうな研究費というものであった。

われわれ文系の研究費の費目なんて可愛いもんである。例えば、ボールペン五本分とか、紙コピー代とか、まったく較《くら》べものにならない。もしも、億、いや一千万円をいただいても、一年間ではとても消化しきれない。目茶苦茶、おろおろ、あれこれ本を買うぐらいがせいぜい。

それが五億円とは、信じがたい。しかもその研究対象がチンパンジー。要するに、エテコウ（猿公）の研究ではないか。そんなもん、一万円もあればできるわな。と書くと、すぐ紙礫《かみつぶて》が飛んでこよう、研究を何と心得るか、と。

はいはい、分りました。さりながら、報道に拠れば、チンパンジー等各種のエテ公を、なんとその数、千百八十四匹も飼っている。

おかしい。千百を超える猿どもを観察する研究者は何人いるのか。仮にサル十匹を一人が担当するとして、研究者が百十人も必要となる。そんな多くの専任同一分野研究者が存在する巨大な研究所があるのか。いや、果してそういう研究所が必要なのか。

研究者一人が、数年間、じっくりと数匹の動物を観察すれば、必ず成果を出しえる。われわれ文系の者も、例えば老生の領域で言えば、一冊の漢籍を数年間じっくりと徹底して読解すれば、必ず新発見がある。

では、不正とは何だったのか。

驚くべき事情が公にされた。すなわち特定の出入り業者の納入品（猿の飼育用大型ケージ等）の製作に赤字が出たので、それの補塡《ほてん》のためだと言う。もちろん、入札して得た仕事であるから、その損害分はその業者が持つべきものであるのにだ。

さらに驚くべきことには、窮状を訴える取引業者をなんとかしてあげたかったとのこと。それはおかしい。入札するとき、どうしても欲しい仕事なら赤字覚悟で入札する。もし落札後、不測の事態が発生したとしても、まともな業者ならば、黙ってその赤字を呑む。それが〈男〉というものである。

では、京大側の責任者は誰かと言うと松沢哲郎特別教授ら四人。

彼らに対する処分はこれからとのことであるから、その結果を待とう。もちろん厳罰に処すべきである。四年間にも亘《わた》る不正なのであるから情状酌量など絶対にあってはならない。もしそういうことがあったとすれば、学生に対してどう説明できるのか。

研究者は、学生に対していわゆる学業の指導だけに終るものではない。研究者の心構え（例えば、盗作はしてはならない等）に始まり、さまざまな心得を叩きこむ。

となると、今回の恥曝《はじさらし》を前に、松沢某ら当事者は、本来、処分前に辞職すべきである。その不正は、全国の研究者の顔に泥を塗ったも同然である。情けない。

報道に拠れば、リーダーの松沢哲郎は、文化功労者とのこと。しかし、研究者として不正の中心者となった以上、政府は文化功労者の資格を剥奪《はくだつ》すべきである。それを為《な》すのが公正な政治というものであろう。

すべての責任は、京都大学に在《あ》る。どういう厳正な結論を出すのか、期して俟《ま》つ。古人曰く、〔研究の〕功《こう》有りと雖《いえど》も、〔結果としては〕猶《なお》獣《じゅう》〔チンパンジー千匹餘〕を得て人《ひと》を失ふがごとし、と。

〔研究の〕功《こう》有りと雖《いえど》も、
〔結果としては〕猶《なお》
獣《じゅう》〔チンパンジー千匹餘〕を得て人《ひと》を失ふがごとし。
『国語』晋語七

猶：ちょうど……のようなもの。
獣：チンパンジー。

理系研究に〈文理融合〉のすすめ

老生、金銭《かね》はなし、身体は横に転がるのが第一。しかし連休十日――世間様は、どこへ遊びに行くか、何を食べるか……と忙しい。よくそんな閑暇《ひま》があるものじゃのう。

結局、この連休は、わが家、いやわが書斎の悲惨なゴミ屋敷、いやゴミ部屋の整理と相なった。しかしそうとはならなかった。活字人間の習性ゆえに、文字があると目を通す。フーン、こんなことがあったんや、となり、片付けは進まない。諦《あきら》めた。元《もと》の木阿弥《もくあみ》。

さりながら、残していた古い記事の内、二種が気になった。

その第一種。これは、いわゆるパワハラなどに由《よ》る自殺事件である。

その内の大事件は、電通に勤務の二十数歳の女性の自殺。これは社会問題に発展し、関係諸法律の改正に至った。

同じく、手許《てもと》にある記事では、二〇一六年、大阪・吹田《すいた》市の薬局に勤めていた当時三十歳の女性の自殺。

また、パワハラではないが、研究職志望が果せず、結局、自殺した四十三歳の女性。

この方々の死に対して、もとより心より弔悼《ちょうとう》申しあげる。しかし、しかしである。自死することはなかったのではなかろうか。

と言うのも、電通であれ薬局であれ、それに代る職場は必ずあるはず。なぜ転職を考えなかったのか、老生の理解を越える。

また研究職志望が叶《かな》えられなかった女性の場合、新聞にその書斎や本棚の写真二点が掲載されていたが、その書名を見る限り、学部学生レベルのものであり、研究書はない。これでは烈《はげ》しい研究競争は無理。本人よりも指導教授らに問題がありそうだ。方向転換しての生きかたを教えるべきであっただろう。

いずれにしても、死ぬな。死ぬ覚悟があれば、他の道を求めよ。必ずその道はある。

次に古い記事の第二種。それは、大学教員の不正事件である。

二〇一九年三月、秦《はた》吉弥・元大阪大学准教授の研究論文（熊本地震や東日本大震災関連）五編中のデータの捏造《ねつぞう》や改竄《かいざん》が認定された。

同じく三月末、林愛明《りんあいめい》・京都大学教授の熊本地震に関する研究論文中にデータの改竄や盗用があったと発表された。

また四月には、男性（氏名未公開）・京都工芸繊維大学（国立）教授が、学内の設備を大学の許可なく企業に使わせ、三社から使用料・指導料として計約百七十万円を受け取っていたことがわかった。もちろん不正利得。

愚劣な連中である。このような連中が出てくる理由の一つは、理系の研究予算額が巨大であるので、金銭感覚が麻痺《まひ》し異常となっているからであろう。

そこで、理系の金銭感覚の正常化のため、科学研究費を筆頭に外部から導入した研究費総額の、例えば五％を文系共同研究班（公募あるいは自己編成するなど自由に編成）に提供してはどうか。

例えば、年間研究予算を仮に一億円とすると、その五％は五百万円。これを文系共同研究班に提供する。文系メンバーが五人であると、一人当り百万円。十分な金額だ。

この文系共同研究班人員の半分は、まだ研究職に恵まれない若手で構成するといい。彼らは奮起し研究が活性化すること確実。彼らの研究テーマは、例えば当該理系研究の意味づけや、倫理性や、科学史的意味等いくらでも当該研究に寄与できよう。それは実は、いま最も求められている文理融合型研究であり、同時に文系研究者の生活や将来に希望を与えることになるであろう。

この方式を文科省が実現することによって、日本の文理両者統合の新しい研究展開が期待できよう。のみならず、理系研究に文化的膨《ふく》らみが加わり、独創的な新しいアイデアが生れる可能性がありさえする。そういう従来になかった研究体制が令和時代から生れよ。
古人曰く、江海《こうかい》は小助《しょうじょ》を択《えら》ばず〔呑みこむ〕。故《ゆえ》に、能《よ》くその富《とみ》を成《な》す、と。

江海《こうかい》は小助《しょうじょ》を択《えら》ばず〔呑みこむ〕。
故《ゆえ》に、能《よ》くその富《とみ》を成《な》す。
『韓非子《かんぴし》』大体《だいたい》
江海：大川や海。
小助：細流・小川。
富：大洋。巨大スケール。

白井聡の評論は「頭の悪い見本」

老生、行く当てがない日々。生涯の喧嘩口論が原因か、誰も憐《あわ》れんでくれぬわ。淋しいことよのう。と、まずは御挨拶。

というところで、仙頭寿顕《せんとうとしあき》著『『諸君!』のための弁明』(草思社)の読後感について一筆いたしたい。

この著者、凄腕である。雑誌『諸君!』(文藝春秋。現在は休刊)の編集長として同誌の発行部数を大きく伸ばした功績がある。

同書、読んだ、完読した。面白い。時々、笑わせてくれるのがいい。その全体像は、出版文化史という感じである。老生、己れの人生をそこに被《かぶ》せて楽しんだ。「思い出してごらん、あんなこと、こんなこと、あったでしょう」という、幼稚園児が唱《うた》う「思い出のアルバム」の活字版であった。

もちろん知らなかった話があった。例えば、故江藤淳著『一九四六年憲法——その拘束』のライブラリー文庫版(文藝春秋)を刊行のとき、同書の解説者に白井聡を起用したとのこと。

そして刊行後、アマゾンのレビューでは、白井のその起用に対する苦言が呈されたと述べ、そのいくつかが紹介されている。例えば、小谷野敦《こやのあつし》。こう述べる。「もはや白井は、反米のためなら天皇制右翼の江藤すら利用しようという愚かな地点へとさまよいつつあるらしい……」と。なるほど。

さらに、匿名の「ゆうた」氏は「解説に驚いた。読解力がまるでない。時代遅れの左翼……せっかくの本文が、頭の悪い解説と編集者で汚されたという印象……」と。

老生、思わずウームと唸《うな》った。実は、その解説者、すなわち白井の『永続敗戦論』（講談社＋α文庫）を読み、この男「頭が悪いなあ」と述べようとしていたところ。しかしすでに「ゆうた」氏が「頭が悪い」と先を越していたことを知り、今さら同じことを言えず、残念。

白井某は、だれもが知っていることを、だらだら長々と述べ（頭の悪い見本）、天下に冠たる独創的見解はなにもなく、ただぐだぐだとあれこれと言い（頭の悪い優等生の典型）、はい、おしまい。

こういう愚か者と異なり、誠実に事実を明らかにすることによって、自《おの》ずと主張を堅固に示す勝れた著作が世にはある。

例えば、名越弘《なごえひろし》著『再審請求「東京裁判」』（白桃書房）がそれである。その行論の一例を挙げる。従来、東京裁判批判として、インドのパール判事の主張すなわち事後法（事件のあった後に作られた法）に依る裁判は誤まりという説が、広く日本で受け入れられているが、それよりも、東京裁判における判事の構成が著しく公正さを欠いている点を第一の批判とすべきであると主張している。その論旨、明解。

東京裁判に関する論著は、蔵書風に言えばそれこそ汗牛充棟《かんぎゅうじゅうとう》。一例を挙げれば、鈴木晟《あきら》著『東條英機は悪人なのか』（展転社）も、読ませた。東條に対する「大悪人・独裁者・軍国主義者・能吏・事務屋・小人物……」という世評が、いかに一方的で浅はかであるかということを教えてくれた。

しかし、このような名越弘・鈴木晟氏らの力作は、世に知られないでいる。同種の著書は、他にも多くあることであろう。

一方、大新聞社の書評に取りあげられた本の大半には、どうでもいいものが多い。おそらくさまざまな〈忖度《そんたく》〉がそこに籠《こ》められていたのであろう。すなわち、そういう書評欄に取りあげられなかったからと言って、なにも失望することはない。この世は、知る人ぞ知るの世界なのであるから。

決して慰《なぐさ》めの言辞ではない。例えば、前引の白井某の著書、かの駄本が売れたのは、落目の左筋のインテリが、己れの行先の不安から、しがみついただけのことなのである。

古人曰く、賢《けん》・不肖《ふしょう》は、〔生れつきの素〕材《ざい》なり。遇《ぐう》・不遇《ふぐう》は、時《とき》〔の運《うん》〕なり、と。

> 賢《けん》・不肖《ふしょう》は、〔生れつきの素〕材《ざい》なり。
> 遇《ぐう》・不遇《ふぐう》は、時《とき》〔の運《うん》〕なり。
> 『韓詩　外伝《げでん》』巻七
> 不肖：愚か者。
> 材：生れつきのもの。
> 時：運《うん》。

エドワード・ルトワックは中国の本質をつかんでいない

老生、年を取り、世の厄介者《やっかいもの》となったものの、口だけは達者で、ツベコベ言うのは、昔と変わらぬ。おそらくこれはこのまま続くことであろう。と前振りすると、気が楽。

という日々、しかし、新聞だけは欠かさず読んでおるわな。さてその新聞の内、二〇二二年八月二十九日付の産経新聞を読んでいて、一筆をという気持になった。

こうである。同紙一面において、アメリカの歴史学者、E・ルトワックにインタビューした記事が出ている。相当の量である。この人物は、アメリカの戦略国際問題研究所の上級顧問とのこと。

その内容は、こうである。中国は自国の食料生産が十分でなく、他国との戦争に踏みきることができない、と。だから、中国は世界的強国には程遠い、と述べる。

すなわち、中国は軍事力があるが、国民全体に対する食料供給ができないという大弱点がある。当然、台湾情勢に本質的変化は、何も起せない、と。

老生、この記事を読んで、大いに不満であった。と言うのは、中国は食料不足であり、大国になろうと思ってもなれないという意見は、老生、すでに今から数十年以上も前に、述べていたからである。すなわち拙著『現代中国学』「大陸の食糧問題」(中公新書・一九九七年)においてである。

もし産経新聞が、今回、ルトワックの意見を公表するのであれば、せめて老生の同書を読んだ上で、なすべきではないのか。

もちろん、ルトワックはこの数十年間の中国の農業について研究していたことであろう。老生はしていない。しかし、数十年前の拙見が、この数十年を経ても解決できていないことを予言していたことになるではないか。

とすれば、数十年前の老生の説は、今も新しく、古びていないということになるのではないか。

研究は、もちろん日進月歩《にっしんげっぽ》、老生は現代中国研究者の成果には敬意を表する。しかし、研究史については絶えず注目すべきである。そして取るべきものは取るべきであろう。

老生は中国古典学の専攻者である。しかし、研究という点になると、古代も現代もない。有るものは、資料なのである。だから、老生は中国古典学を主としながらも、現代中国に対して、関連資料を前に研究することに違和感はない。

それどころか、現代中国における諸事件や彼らの考えかたには、古代中国におけるそれと酷似《こくじ》していることが多々ある。すなわち、中国古典研究と現代中国研究との間に（資料は別として）共通する類型を見ることが多いのである。その結果の一つが、前引の拙著『現代中国学』であった。

同じことは、中国学以外の他の分野においても言えるのではなかろうか。

例えば、老生、まったく門外漢だが、ファッションにおいてそれを感じることがある。老生の眼にするところ、女性ファッションでは、いわゆるヨーロッパ系の場合、モノカラー（単一色彩）のデザインが多いような気がする。すなわち、濃い青一色とか、淡いピンク一色とか、と。

しかし、アジア系、例えば日本の場合、モノカラーではなくて、いろいろな色を使っていたり、模様があれこれ入っているのが多い。和服の中には、物語の一シーンが入っていたりする。

語彙《ごい》不足で申しわけないが、西洋系はすっきり、アジア系はゴタゴタ、という感を、老生、否めない。女性諸氏、許されよ。決して差別などではないぞよ。事実じゃ、事実。

話が、だんだんややこしくなってきたので、この辺で打ち止めじゃ。老生、浮世と無縁で、中国古典学を修めた仙人のような者じゃが、まだ山に入らず、浮世で生きておるわな。

それもふわっと仙人風にのう。

古人曰く、人《ひと》は皆実《みなじつ》を取《と》るも、己《おの》れは独《ひと》り虚《きょ》を取る、と。

人《ひと》は皆実《みなじつ》を取《と》るも、
己《おの》れは独《ひと》り虚《きょ》を取る。
『荘子《そうじ》』天下

サヨクに「学」などない

新聞広告を見ていると、こういう新刊広告があった。書名は『独在性の矛は超越論的構成の盾を貫きうるか』（春秋社）と。著者は永井均——どういう人か知らないが、哲学専攻らしい。

この書籍、老生の関心を呼び起こした。と言うのは、右の「矛……盾……」すなわち矛盾について、その真相を中国哲学の立場から始めて明らかにしたのが、老生だったからである。

まずは事の起りからお話しする。中国は古代、『韓非子《かんぴし》』難一《なんいつ》に、こういう話がある。商売の話であるので、分りやすく大阪弁で話してみよう。こうか。

道ばたでな、オッチャンがな物を売ってましたんや。ほてから客引きにこう来た。皆はん、まあ見とくんなはれ。この矛はな、ゴッツウ強いで。どんなぶ厚い楯（木製）でもスコンと突き通せまっせ。どやどや。ところが誰も買わない。そこでオッチャンは楯を出してきましてな、こう言いましたがな。この楯はな、ゴッツウ強いで。どんな尖《と》がった矛でも通せまへんのや、どや。すると、見物人の一人がこう野次《やじ》りましたがな。ほたらオッチャンなあ、なんでもいてまうその矛と、どんなもんにも貫けんその楯とが、もしごっつんこしたらどないなるんや、と。オッチャンは、ウーンとうなって答えられんかった。ハイおしまい。

この矛楯説話から「矛盾」という語が使われるようになり、ついには思想用語にもなって今日に至る。

この矛盾（楯）説話の思想的意味とは何かということについて、今から六十年もの昔、老生、一編の論文を草した。その中核はこうである。（A）最強の矛、（B）最強の楯、それぞれは正しい。商人はまちがっていない。そこへ見物人が条件を勝手に変更したのである。すなわち、〈それぞれ別の時間〉ではなくて、〈同時に〉としたのである。或るときの矛、また別の或るときの楯、それぞれ別々の時間において最強というのは正しい。しかしその条件を〈同時に〉と変えたのであるから、商人の説を論破したわけではない。商人は〈同時に〉という新条件については、こうだああだと、論ずればよかったのに、そこに気づかなかったまで。という意味での商人の敗北ですがな。

ま、そういう論を、昔、立てたことのある老生にしてみれば、永井某の前引書の書名に惹かれて購入した。読み出した。その途端、嫌になった。と言うのは、まず文章としてなっていなかったからである。率直に言えば、文章が下手。つまるところ、一つも面白くない。しかも、三百ページもありながら「矛盾」という語が出てくるのは、六個所のみ。もちろん、「矛盾」ということば自体に対するつっこみなど全くなし。アカン。

その昔、老生、大学生時代、田中美知太郎教授（故人）の西洋古代哲学史の講義を受けた。実に分りやすかった上に中身が濃かった。それと比べるレベルではないが、差があまりにもひどい。この程度の本を出版社もよく引き受けたものである。

これは一例に過ぎない。今の世の中、真剣にその道において修業しないまま、ピーチクパーチクの一知半解の徒が多い。ま、それはそうか。そういうレベルの連中は昔からたくさんいたな。

戦後からつい最近まで、左翼勢が日本のさまざまなところで主導権を握っていた。左翼に勢いがあった。人数も多かった。

その勢いに乗って、若僧どもがサヨクサヨクと風のまにまに乗って騒いでいた。ただし、その連中の九割は左翼主要文献をしっかりと読み、信念を固めていたわけではない。〈学〉などほとんどなかった。だから、社会主義国家（ソ連や毛沢東中国など）の理論が現実を前にどうすることもできず崩壊していった結果、日本の左巻き大将どもが逃げ出してしまった後、若僧らは呆然《ぼうぜん》としているうちに、老化していっているのが現況。

しかし、現在、右翼の旗色が良くなったとはいえ、しっかりと伝統思想を勉学し研究している独立気概ある若様《わかさま》は、果たして何人いるのであろうかのう。

古人曰く、白砂《はくさ》も泥《どろ》に在《あ》れば、之《これ》と与《とも》に皆《みな》黒《くろ》し、と。

> 白砂《はくさ》も泥《どろ》に在《あ》れば、之《これ》と与《とも》に皆《みな》黒《くろ》し。
> 『大戴礼《だたいれい》』曽子制言《そうしせいげんじょう》上
>
> 白砂：若者。
> 之：泥。

第5章

平和ボケ日本の兵法

日本人は黙って米国の助けを待つばかりなのか

老生、ヒマとなり、ほぼ毎日、テレビを見ている生活。と言っても、ほとんどBS放送になっていっている。

このBS放送、老生、感心している。その最大理由は、大人向きだからである。おっと、大人向きと言っても怪しげな映像番組ではないぞよ。誤解なきように。

では〈感心する〉とは、どういう点か、なぜか、ということになる。

具体的な例を挙げよう。例えば、プライムニュース（BSフジ）がその代表。司会者は反町理《そりまちおさむ》氏。なんと、持ち時間は二時間。テーマを徹底的に追求してゆく。

もちろん、関係識者（大半は大学教員）をゲストに招き、深く、広く、追究。それへの応答が、具体的でないときは、遠慮会釈なく鋭い質問をする。面白い。

それに対して応答する〈識者の表情〉がまた面白い。大阪弁で言えば、こうか。あじゃ、困ったわい。え、それはこうやがな。ちょっと待ってぇな。……てなマンザイも見られる。インテリ用の巧まざる〈お笑い番組〉としても楽しめる。しかし、その本質は、追及。

この〈追求・追究・追及〉が、反町番組の特徴——いや特長か。近ごろの下手なお笑い番組などとはレベルが違い、問題にならない。

もちろん、その反町番組は、事の核心を突いているので、参加者の学識を通じて、老生、いろいろと学ぶところが多い。もちろん、ＢＳの他局の番組中にも、それに近いものがあるが、紙幅なく、省略。

しかし、一般的テレビ番組では、時事問題をテーマとしての質疑応答は、時間の制約もあって、簡単すぎ、表面的すぎ、一般的すぎ……であり、ほとんどが、物の役に立たない。

一言で言えば、底が浅い。

例えば、いま世界に軍争が多くあるが、その代表となっているそれはイスラエル・ハマス係争であろう。

だが、率直に言って真相の実感が乏《とぼ》しい。結局は、大事件は大事件であるものの、具体性が、ない。

では、ただ遠くから見ているだけでよいのだろうか。

それは違う、いや誤まりとさえ言いきってよい。なぜか。こうである。

それは、わが国において同様のことがないとは言いきれないからである。すなわち、ロシアのわが国への侵攻である。

と述べると、大半の日本人は、失笑することであろう。日本は平和国家だ、日本国憲法がわが国を守っている……等々、小学校優等生の社会科教科書調の反論とともに。

それは凡庸《ぼんよう》な小学校優等生の主張にすぎない。歴史が分っていない。幕末以来、オロシア人どもは、わが国の領土を、それこそ眈々《たんたん》と狙ってきたではないか。過ぐる第二次大戦末、彼らは日ソ中立条約を一方的に破り、侵攻してきたではないか。そして北方四島を不法占拠したまま、現在に至っている。返さないのである。

そういうロシアだ。その四島問題を越えて、突如、北海道に侵略しはしないという保証は、どこにもない。それに対しては、わが自衛隊を中心にして戦う外はないのである。

と述べると、同盟を結んだアメリカ軍がいると言う馬鹿がいる、いや出てくる。

何を言う。自国が侵略されたとき、反撃を外国軍に頼るなどという国家に対して、だれが共に戦ってくれると言うのだ。

アメリカの青年兵が、生死の境に在るというとき、日本の青年は、喫茶店でコーヒーを飲み音楽を聞いていていい、と言うのか。それで良いのか、それこそ人間として。

イスラエル・ハマス係争から、われわれ日本人は学ばねばならない。この係争の根源（宗教問題）は別として、戦争のときは、どう在《あ》るべきか、どうすべきかを。
古人曰く、他山《たざん》の石《いし》、以《もっ》て玉《たま》を攻《みが》くべし、と。

他山《たざん》の石《いし》、
以《もっ》て
玉《たま》を
攻《みが》くべし。

『詩』（『詩経』）鶴鳴《かくめい》

他：ほかの。
以：それを使って。
攻：玉や原石を磨《みが》く。

大陸と台湾とはあえて戦うのか

二〇二三年は、いろいろ波乱のありそうな感じがしてならない。その第一は、中国と台湾との関係がどうなるか、である。

その理由《わけ》は、台湾の政治に生れた変化の兆《きざ》しである。すなわち、台湾における先の選挙の結果、与党の民進党が敗れ、野党だった国民党が勝った〈政変〉である。

この国民党は、故蔣介石《しょうかいせき》らのグループが核であり、その意識は、中国本土へ侵攻し、政権を再び握ることである。

しかし、第二次大戦直後の状況と現在のそれとは、まったく異なる。今、台湾から大陸へ軍事侵攻ができるであろうか。困難である。台湾防衛の現況が極限であり、大陸への〈反攻〉は、国民党の〈昔の〉スローガンにすぎない。しかし、大陸本土へ帰りたい願望を絶つことはできない。

そこで生れた新しい別感情が、経済関係の宥和であった。すなわち経済交流であり、これはすでに実質化している。この経済的利権は、大陸も同様である。すなわち、大陸・台湾ともに〈経済〉の点では、がっちりと利益共有している。

そういう関係をつぶしてまで大陸・台湾両者はあえて戦うのであろうか。

もう一点ある。老生、台湾に留学したときの経験である。今から五十年前である。現地では、教員宿舎に滞在した。当然、同宿舎の諸人と親しくなった。五割は欧米人、日本人は老生ら二人。そして中国人ら。その中国人の一人である鄭《てい》さんと親しくなった。老生の下手な中国語と、鄭さんの下手な日本語とによる会話は、今思い起すと、楽しい絶妙なマンザイであった。

その鄭さんは、アメリカでの留学を終えて帰国したばかりであった。御両親は台湾の日本時代の人だったこともあって、鄭さんは日本人の老生に非常に好意をもってくれていた。彼といろいろ話すうちに、驚くことが多々あった。その中で、今こそここに話さねばならないと思うことがあるので述べる。

鄭氏と親しくなるうちに、さまざまな重い話をするようになっていた。その第一は、彼の職業であった。彼は〈アメリカ留学〉後にすぐ帰国し、ある国営機関に勤務していた。

そこでいろいろ話すうちに仕事の内容の話となった。そのとき始めて、コンピュータ関係者であることを知った。

老生、理系方面についての知識も関心も皆無であったので、当時、コンピュータと言われても始めて聞いたことばだった。

いや、読者諸氏よ、話は五十年前ですぞ。そのころの日本人は、コンピュータと言われてもなんのことか分らぬというのが、普通であっただろう。

鄭氏はそのコンピュータの専門家であり、アメリカ留学帰国後、すぐに政府系のその方面のメンバーとなったのである。しかも彼の勤務する場所は、細かい地名は忘れたが、台中市近くの広大な新開地にあった。それは台湾政府主導による官民協力してのコンピュータ関連の地域であった。

老生、細かいことは知らぬが、台湾の某社は、現在半導体の世界最先端技術を有しており、近く日本にその生産場所を建設するとか。

すなわち、台湾は五十年前から、AI関係の一流技術を使っての工業生産力を持っているということであり、客観的に見るならば、それは世界の宝と言っていい。

そのAI関連の生産地や技術者らを、中国は台湾侵攻とともに爆撃して破壊し殺傷していいのか。それは、あえて言えば、人類が新しい物を生産し、そのことによって幸福となってきた歴史の否定ではないのか。

自国の歴史、すなわち中国の歴史を顧《かえり》みるがいい。凄惨《せいさん》な歴史であった。しかも、そのような力による制覇は、結局はいずれ自己崩壊してゆくだけなのである。

古人曰く、それ勇は徳（感化）に逆《さか》らい、兵（武器）は凶器、争いは事《こと》の末《まつ》なり、と。

> それ勇は徳（感化）に
> 逆《さか》らい、
> 兵（武器）は凶器、
> 争いは事《こと》の末《まつ》なり。
> 『国語』越語下
>
> 兵：武器。

「武士道」を知らないアフガニスタン軍と日本大使と

わが日本国は、敗戦後八十年近くにもなるが、その間、平和ボケの日々を送ってきた。そのため、その発想、感覚、思考……ほとんどが、平和ボケ行動となっている。例えば、女権を主張するコワイおばはんどもは、言いたい放題言っているが、なぜそう騒げるのかと言えば、そのことに由《よ》って、罪に問われたり、殺されたりすることがないからである。安全保障つきの主張・行動なのだ。ま、言わば、乳母日傘《おんばひがさ》つきのお遊びなのである。

もし、己れのその意見や運動を正しいとし、それを主張し実質化したければ、平和日本などというところではなく、例えばアフガニスタンへ行け。そしてアフガニスタン女性のために、男女同権、言論の自由等を、声を大にして主張すべきである。もちろん、己れの身命を賭《と》してだ。

なぜそういう行動をしないのか。答は決っている。逮捕されたり、殺されるのが怖いからである。つまりは、己れの思想信条に生命を賭けるド根性など、まったくないのである。

日本でなら、安全保障つきで言いたい放題。そのうちに一端《いっぱし》の〈女性運動家〉と誉めそやされて、でかい面《つら》をテレビ画面一杯。

もちろん、平和ボケは男女を問わぬ。或る記事がそれを物語っている。

実は、その記事、切り抜いて家に置いていたのであるが、老骨、その置き場所をどうしても想い出せぬ。某紙が大学生を対象としたアンケート調査。二〇二一年六月以降の新聞（社名も忘失）紙上で報道されていた。御存知の方は、お教え下され。関係者よ、老生の記憶の頼りなさをお許しあれ。

記憶のままに、そのアンケート調査の一部を紹介。もし外国軍が日本に攻めこんできたとき、あなたはどうするか、という設問。多くは、「自衛隊とアメリカ軍にまかせる」であった。中にはこうである。「外国へ行き、治まったころ帰国する」と。

これが、わが国、平和日本の大学生の現実である。戦争には付き物の〈略奪・暴行・殺人〉のことなど、全く念頭にない。

これが戦後平和教育の結果である。しかし、これでいいのだろうか。

思えば、明治維新。これは日本史上、最大の出来事であった。細かいことはともかく、大筋は成功し、今日の日本に至る。

その成功の基盤となった明治時代について忘れてはならないことがある。すなわち、旧武士の存在である。

仮に、明治維新当時に当人が十五歳であった場合、引退を六十歳とすると明治末。言わば、明治一代さらに大正十五年あたりまでの期間には、発想や気分等々において、武士の精神性の影響があったと見てよい。

ロシア勝利、日本敗北が大半の予想であった日本海海戦における日本勝利の原動力となったのは、武士の精神性であった。

もちろん、精神性だけでは戦争に勝つことはできない。しかし、たとい現代においても、国軍に精神性がなければ、いかに軍備を整えても、それは積木の装備でしかない。

それをよく示したのがアフガニスタン軍である。同軍は、上から下まで、ピン撥《は》ねはもとより、収賄《しゅうわい》が横行、組織の態《てい》をなしていなかった。最高責任者の大統領自身が大金とともに逃亡したのであった。当然、十分な軍備を有していた同軍も、反政府軍とまったく戦わず、武器を放置し、逃亡してしまっている。

その理由はいろいろと言えよう。しかし、老生はそれを一言で示し得る。アフガニスタン軍には、武士道がなかった、と。

では、今の日本はどうか。他者を嗤《わら》えぬわ。アフガニスタン大使の岡田隆は、アフガニスタン政権交代の重大時の前に、なんと出国して隣国にいたという。英国大使は、イギリス関係者のすべてを出国させ、最後にアフガニスタンを去ったとのこと。日本の大使の岡田某とやら、口惜しければ、日本国、日本人への謝罪として割腹（辞職）して見せよ。

古人曰く、〔為政者の〕信《まこと》は、国《くに》の宝《たから》なり。民《たみ》の庇《たよ》るところなり。〔信《しん》を〕失《うしな》ふべからず、と。

〔為政者の〕信《まこと》は、国《くに》の宝《たから》なり。
民《たみ》の庇《たよ》るところなり。
〔信《しん》を〕失《うしな》ふべからず。
『春秋左氏伝』僖公《きこう》二十五年
信：言葉に嘘偽《うそいつわ》りがない。
庇：頼《たよ》る。

専守防衛ほどカネがかかるものはない

老生、素浪人である。当然、名刺はない。さりながら、新しい人との出会いが時々あるので、名刺があれば便利と思うことあり。

その点、家においては気楽。もちろん、家人の指揮下の兵士である。しかし、兵士は気楽気楽。家人の命令をこなしておけば、それで良し。あとはテレビを観て悠々。

さて或る日、指揮官（家人）から特命が下《くだ》った。〈烏《からす》問題〉を解決せよ、と。

烏問題とはこうである。週に二回、家庭ゴミの収集がある。もちろん大阪市の仕事。実質的には業者が回収。その回収日、各家庭は家庭ゴミを家の前の道路に出しておく。

本来ならば、それで終り。ところが、家庭ゴミの中の残飯を狙う輩《やから》がいる。第一は野良猫（近ごろは地域猫と言うらしいが）、第二は烏である。この連中、厚かましく、ビニール袋を破って残飯を漁《あさ》る。もちろん、散らしまくって、ゴミの山。大阪市の回収車は散らばった残飯など拾《ひろ》い集めたりしてくれない。

そこで、包んだゴミ袋に対して、大きなネットで更に包んでおく。その包み口はゴミ袋の下にもぐらせておくので、まずは安全。野良猫は、あっさりとパスしてくれた。

ところが、烏は違う。奴らは執念深く、まず外覆《そとおお》いのネットを引っ張って引っ張って、中の包んだゴミ袋に嘴《くちばし》が届くまでがんばる。後《あと》は、乱暴狼藉《ろうぜき》の数々。

この烏軍からの防衛を命ぜられたのである。家人指揮官から。兵士としては、承詔必謹《しょうしょうひっきん》。大変よのう。

そこで考えに考えた。御近所の諸対策も拝見。教えてもいただいた。結果、ほぼ三センチ平方の網目となっている鉄製ネットを百均で買い、組み立て、厳重に縛ってゴミケースを完成した。もちろん、天井には出し入れ口の蓋《ふた》をつけた。底はなし。烏はどこからも入れない。回収者は蓋をあけてゴミ袋を持ってゆく。

どや、烏ども。「カーラース、なぜ鳴くの。カラスは負けた……」と意気揚々。

ところが数週間後、残飯の一部が散乱していたのである。頭脳明晰《めいせき》な烏どもは、その長い嘴を三センチ平方の空間から突っこみ、ビニール袋を突《つつ》きまくって破っていた。

ではどうするか。今、老生は烏対策に熟慮熟慮中。つまり、どのように防衛するか、だ。

ここである、攻撃と防衛と。その最大拡大版こそ、国家のそれである。それも日本の。日本は専守防衛などと称している。憲法がそうさせている。

これほど珍妙な話はない。残飯漁りの烏に対して、老生は専守防衛するだけであるので、烏どもは、老生が現われると、ひらりと道路の向い側に跳んで悠々と歩いておるわ。あのドス黒い風体《ふうてい》で闊歩《かっぽ》、というところ。

これは尖閣諸島（餌《えさ》）の周辺に出没する中国船団（烏）に対する日本（老生）の専守防衛（あれこれ防衛）という状況そのものではないか。問題は、攻撃側が有利ということだ。とあれば、〈専守防衛〉の徹底という方法をさらに深化させてゆくほかない。

それは、攻撃より防衛には費用がかかるので現在の防衛費を遙《はる》かに上回《うわまわ》る予算を必要とするということである。専守防衛であり、侵略国の本土に対して攻撃ができない不利にある以上、敵の攻撃を十分に防衛できる防衛をする他《ほか》に道はない。そのための予算拡充は必須である。

しかし、国軍である自衛隊の予算は、日本の国力から見て非常に少ない。とても専守防衛という目的を達することはできない。日本では、義務教育以来、専守防衛と観念的に言うだけであって、その専守防衛を可能とする予算計上は、論じられていない。

専守防衛に徹するならば、それを可能にする、つまりは敵の攻撃に対抗できる準備のための巨額の予算を組むべきである。世上の左筋はそこまで考えているのであろうか。

今、どうなのかが問題なのである。

古人曰く、俗儒《ぞくじゅ》は時宜《じぎ》に達せず。古《いにしえ》(専守防衛)を是《ぜ》とし今を非《ひ》とするを好み……守る所を知らず。何ぞ委任するに足らん、と。

> 俗儒《ぞくじゅ》は時宜《じぎ》に達せず。
> 古《いにしえ》(専守防衛)を是《ぜ》とし　今を非《ひ》とするを好み……
> 守る所を知らず。
> 何ぞ委任するに足らん。
>
> 『漢書』元帝紀
>
> 俗儒：人気取りを第一とする三流学者。
> 時宜：現在への対応。
> 古：専守防衛。

手段を択《えら》ばぬ中国人に勝つための非軍事戦略

日本は平和である――これ、大嘘。ま、言ってみれば、餓鬼大将（アメリカ）がいて、わがヤマトはその御《おん》大将に胡麻《ごま》をすり、守ってもらっているというのが事実。

もっとも、自衛隊は存在する。しかし、諸法律で雁字搦《がんじがら》めとなっている。緊急事態となっても、こちらから先制攻撃することは法的にできないという話になっている。向うから攻めこんできて始めて戦うとのこと。

これでは、下っ端の褌《ふんどし》担《かつ》ぎが、物真似で、常に受けて立つ横綱《よこづな》相撲《ずもう》をするようなもので、とてもまともな話ではない。

ただし、もちろん戦争はあってはならない。当り前の話。とすれば、どのようにして戦争をせずに勝つかである。

それには、いろいろな方法がある。一例を挙げよう。ベトナム戦争のとき、米軍は現代戦力に依り優勢となった。そこで敗戦必至のベトナムを支援するため、中国は、米軍に対する必勝の策略を立てていた。それは結局は実現されなかったが。

こういう軍略である。軍服は着るが、武器は一切持たず、両手を挙げ、米軍に降参する。その数、一万人。そして翌二日目、同様の兵が一万人、投降する。投降兵であるから、食べさせ、住まわせなくてはならない。二万人となると大変。ところが三日目に、またも一万人が降参してくる。戦略的降伏である。これを毎日続けてゆく。

米軍はどうするか。無抵抗の捕虜三万人の宿営を準備しなくてはならない。もちろん食料・衣服も。と言っているうちに翌日、また一万人が着用の軍服以外、無装備で降伏。たまったものではない。しかし、もし対応を誤ると（例えば食事を抜く）、捕虜虐待となる。米軍は、アーもスーもなくただちに休戦協定に入らざるをえない。

というふうな軍略を中国側は本気で練っていたのである。勝つためには、有利になるためには、どんなことでもするのが、中国人の本質なのである。歴史上のさまざまな軍略を見れば、勝つためには、どのようなことでもするというのが中国人であることがわかる。

とあれば、日本もそれに対抗できる策略を考えなければならない。ところが、諸意見は、純然たる軍事戦略が大半である。その筆者も、元自衛隊幹部が多い。

それはそれでよい。しかし、総合戦略としては、まったく別の非軍事的戦略もある。

それは何か――と書き出して、実は或る自己嫌悪を覚える。と言うのは、この案、もう数十年も前から何度も書いてきたのだが、政治家、自衛隊等の関係者のだれ一人として、それを取りあげた人はいないからである。

その意味で、いささか気力を欠くが、お国のため、ここにもう一度述べることとする。ただし、略述するにとどめる。

では始める。敵を攻めるには、その最弱点を攻める。当り前である。

中国の最弱点は何か。ずばり食糧――それも主食の小麦不足問題である）。中国大陸は長江《ちょうこう》を境に南北に分れる。南部の主食は米。これは十分にある。しかし、北部の主食の小麦は不足。近年、小麦輸入量は一千万トン（一億人の一年間の消費量）と公表されるが、私は信じない。三十年前の不足量は三千万トン。ではこの三十年間で小麦増産に成功したというのか。嘘だ。中国の北半分において二千万トンの増産をしたという証拠はあるのか。ありえない。と言うのは、北方農業の要《かなめ》である黄河《こうが》の水量が減りに減っているからだ。

オーストラリアの移民において中国人が激増しているのは、将来、オーストラリア産小麦を狙っているからと断ずる。

アメリカは軍事力と農業力とが世界一だから強国。中国は農業力不足なので対抗できない。とあれば、小麦で勝負だ。ここに日本の巨大商社の出番がある。すなわち数十兆円を商社に無利子で貸して、小麦を日本が買い占めることだ。残念、ここで紙数が尽きた。では又。

古人曰く、籌策《ちゅうさく》（策略）を帷帳《いちょう》（野営の本陣）の中《うち》に運《めぐ》らし、〔それを使って〕勝《かち》を千里の外《そと》（遠いところ）に決《けっ》す（勝利する）、と。

籌《ちゅう》策《さく》（策略）を帷帳《いちょう》（野営の本陣）の中《うち》に運《めぐ》らし、〔それを使って〕勝《かち》を千里の外《そと》（遠いところ）に決《けっ》す（勝利する）。

『史記』高祖本紀

籌策：計略。
帷帳の中：本陣内で。
千里の外：はるか遠いところ。
決：（勝を）定める。

インドに対中自衛隊基地を置け

コロナ、コロナナの日々。この世には無用者の老生、コロナ、コロナ用心と言われなくとも、どこへも行く当《あ》てはないわいな。

という日々、楽しみは〈石原裕次郎のすべて〉というＣＤ。聞かせる、泣かせる、そして想い出させる——昭和三十年代の日々。このド厚かましい老生にも、かつて青春はあった。という惰眠《だみん》の中、夢を見たのじゃ、なんと対中戦争のな。これは捨ておけぬ。

いま、中国は軍事力増強を図っている。これに対して、日本も同じ軍事力増強をという声がある。しかし、それはあくまでも軍備であって、具体的な戦闘対応ではないので、その有効性には疑問がある。

例えば、中国から核を撃ちこまれたならばどうなる。日本は核武装ができない、いや許されない。また、核を撃ちこまれたあと、日本はどういう方法で反撃するというのだ。もちろん、核弾頭が飛来してくるとき撃墜《げきつい》するという方法があるが、適中できるかどうかは定かではない。

もっとも中国側にも難点がある。仮に東京都を核攻撃し、成功したとしても、核汚染されているので、すぐには廃墟の東京へ進軍することはできない。もちろん中国兵が目的とする略奪もできない。すなわち富を得られない。

となると、核攻撃は、その戦後の政治戦略から言えば下策である。日本の政治制度や財産が壊滅してしまうからである。

では、核なしとしての通常戦となるとどうなるのであろうか。

中国は広い国土であるから、少々の普通攻撃を受けても、何もこたえない。日本からの有効な攻撃目標を設定するのは、なかなか困難なのである。地の利とでも言うべきか。

では、どうすれば良いか。

日本は、現在、核を持つことができない以上、核攻撃以前の前近代的な攻撃しかできない。現在、それで行くほかない。となると、通常兵器による最大効果を考える道しかない。

その答はあるのか。ある。

こうする。中国の長江（いわゆる揚子江《ようすこう》）の上流に巨大な三峡ダムやその他のダムがある。その上流にさらに大きなダムがある。そのダムの水を堰《せき》とめている擁壁《ようへき》（セメントと鉄骨とで構成）を爆破攻撃することだ。その地域は上空から丸見えであり無防備。仮に撃ち損じても、ダムが貯めた水中で爆発すれば、大量の水が動き、その力で擁壁は崩れる。

こうして決壊したあと、大洪水・大土砂が下流へ向い、三峡ダムを始めとして諸ダムが次々と破壊され、長江の中心地域（例の武漢も含めて）は水没。被害は甚大となろう。

この攻撃を可能にする一点に集中して、実現可能な軍事計画を作ることだ、防衛省が。それは、日本は核を持たずとも、核を持つ中国を屈服させ得《う》る戦略の一例である。

では、そのダム攻撃のための近隣の出発地が必要となる。日本からでは遠すぎる。どうすれば良いか。こうである。

現地は中国南方の奥地であるから、その近隣に攻撃用出発地を求めると、地理的には、インド東端のアッサム地域（その北方隣接国が親日国のブータン）が最も近い。そこに基地を備えればいい。インドは国境に関して対中国関係が悪いので、話に乗る可能性がある。

当然、インドとは一定の条約を結び、必要とあらば、インドへの経済的支援をそれこそ惜しまない。

かつて英国からの独立を図ったインド民衆は、大東亜戦争（アメリカ側から言えば太平洋戦争）において旧日本軍から多大な協力を得た。基本的に両国は友好関係にあるではないか。

もちろんさまざまな困難はあろうが、まともな国家日本の、まともでない国家中国に対する重大方針に対して、おそらくインドは同意してゆくであろう。インドは勝れた友好国が欲しいからである――というところで、老生、惰眠から眼が醒めた。夢のまた夢かのう。

古人曰く、諺《げん》に曰《い》ふ、鳥《とり》　窮《きゅう》すれば則《すなわ》ち啜《ついば》み、獣《じゅう》　窮すれば則ち觕《つ》き、人《ひと》　窮すれば則ち〔智恵を尽して〕詐《たば》かる、と。

諺《げん》に曰《い》ふ、
鳥《とり》　窮《きゅう》すれば則《すなわ》ち啜《ついば》み、
獣《じゅう》　窮すれば則ち觕《つ》き、
人《ひと》　窮すれば則ち〔智恵を尽して〕詐《たば》かる。
『淮南子《えなんじ》』斉俗訓《せいぞくくん》

諺：教訓。
啜：強くつつく。
獣：牛。
觕：つのつく。
詐：人をだます。

道徳的〈権威〉が生まれようもない国々

コロナ禍の中、世界の人々はその対処だけに懸命かと思っていたが、どうやらそうでもないようだ。ここ最近、世界各地において政変あるいはそれに近いことが起っている。

例えば、ミャンマーにおける政変、ロシアにおける大規模のデモ……。

それらに比べて、我が国は天下泰平。その理由の第一は、お上《かみ》に対する日本人の従順である。これは、理屈から来ているのではなくて、感覚から来ているもの。その結果、あれこれと驚くべき大事業をつくりあげている。

例えば、健康保険。現状の日本人は体調が悪くなると、すぐ医院・病院に駆けこみ、安い費用で治療を受けることができる。たとい重態となっても大丈夫、安い費用で済む。

しかし北欧では、高額費用に依る老人の大手術の場合、公的委員会で審査し、余命時間との兼ね合いを検討し、場合によっては保険適用の大手術を認めない決定をするという。

もちろん自費ならば御随意にということ。

すなわち、なんでもかんでも保険適用ではない。なぜなら、皆で出し合った金銭に依る社会保険なのであるから、赤字にならないようにという自助努力の現われなのである。

それに比べて日本は、社会保険は人々の努力でつくりあげたので赤字にならないようにというような見識や感覚は、まったくない。

なぜか。社会保険はお上の管轄だから（半分はお上のゼニだから）、とぶらさがり、とことん出してもらえると思っているからである。お上もお上で、そう思っているので、どれほど大赤字になっても、平気の平左《へいざ》。こう嘯《うそぶ》いている、万札、刷ったらいいじゃん、と。天下泰平であるわな。

と見てくると、世界各国の政治は、形の上では、国民参加のいわゆる〈近代国家・現代国家〉流に見えるものの、その実態はその国の個別的歴史や文化を背景としていることを見落としてはなるまい。諸国それぞれの歴史的文化的感覚・発想をまずは看破《かんぱ》だ。

例えば、アフリカの某国の場合、国連筋の対外援助金を受けても、その大半は幹部連中の懐《ふところ》に入ってしまい、国民のために予算化されないでいる。どうしようもない。

となると、まずは国家や国民を動かす権力ならびに権威の問題となろう。

権力とは、その組織の人事権と予算配分権とを握っている物理的なものである。権威とは、権力のような物理的なものではなくて、精神的・道徳的なものであり、それに対する敬意を求める。それを東北アジアの現代に見てみる。

権威・権力の両者を握り、人々をして己れに対して尊敬せしめる政治体制の典型は、血縁の続く王朝や皇帝制である。その流れを汲んでいるのが北朝鮮である。

中国の場合、権力は習近平が握っているが、彼個人には権威はない。ではどうしているかと言えば、憲法に拠っている。すなわち政治体制は「社会主義」であることを明記している。この「社会主義」が、共産主義を含むことは、言うまでもない。

日本では、もちろん権力は首相が握っているが、権威はない。権威は皇室にある。古代では、天皇は中国王朝の皇帝と同じく権威と権力との両者を握っていた。しかし、鎌倉幕府誕生とともに武力支配権を失ない、それを取り返そうとしたが、承久《じょうきゅう》の乱で敗れ、しだいに権力を失なってゆく。しかし、権威だけは残り続け、今日に至っている。現在では、天皇の権威には政治的意味はないが、精神的・心情的には日本国民において権威として生きている。

さて残るは韓国。大統領制に依っているが、どの大統領も、任期満了後、逮捕され処罰の刑務所暮し、あるいは自決している。悲惨な運命というほかない。これでは権威など生れようもない。権力はあるが、それによる悪業が己れを葬《ほうむ》っている。

古人曰く、火《ひ》　崑岡《こんこう》（山名）に炎《も》ゆれば、玉石《ぎょくせき》　倶《とも》に焚《や》く、と。

火《ひ》　崑岡《こんこう》に炎《も》ゆれば、
玉石《ぎょくせき》　倶《とも》に焚《や》く。
『尚書《しょうしょ》（書経）』胤征《いんせい》

崑岡：崑崙山《こんろんさん》のこと。中国の西方にあり、美玉を産するとされた。

政治宣伝に追従する学者チンドン屋

「難癖《なんくせ》を付ける」ということばがある。もちろん上品なことばではない。やくざ者が人に言掛《いいが》かりをつけるようなときを表すことば。

韓国政府（前任の文在寅政権）が日本国に対してあれこれ言っていたことは、要するに「難癖を付けている」の一句に尽きる。

しかも或る珍妙滑稽《こっけい》な感情がそこに隠れている。もちろん、これは老生一人の直観である。しかし、それは正鵠《せいこう》を射ていると自信を持っている。

それは何か。

一言《ひとこと》で言おう。それはゼニ欲しさである。これまで、韓国は日本国にあれこれ難癖を付けては、高額の金銭を日本国から得てきた。もちろん、これまでの日本の政権担当者がだめだったからである。応じる必要のない話にも、〈結局は〉応じてきたと言っていい。

韓国の言動は幼児的。幼児があれ欲しいこれ欲しいと大声で喚《わめ》くと、気の弱い、人の好い親は、なんでも応じる。それと同じ構造。

ところが、安倍晋三政権の時は韓国のその利己的行為に対して拒否をした。お美事《みごと》。韓国は当てがはずれた。慰安婦とやらの、架空の話で金銭を引き出したのであるから、次は徴用工とやらで、と思っていたのに、当てがはずれたわけである。気の毒じゃのう。

ふつうならば、戦術を誤まった以上、ここは暫《しばら》く静かにして、戦術を練り直す、ということになるはず。しかし、そういう冷静な態度を取れず、繰り返しの突撃。もちろん成果など出るはずもない。その絶望的突撃の果てに待っているものは、言うまでもない、文在《ムンジェ》寅《イン》の逮捕、そして朴槿恵《パククネ》元大統領と同じく監獄暮しとなろう。そういう紙芝居が見え見えである。

さてそこで、ここからもっと面白い田舎芝居が始まる。もちろん日本においてである。それは、文政権支持の応援団のこと。すなわち文政権ヨイショの日本人ども。その中でも、いわゆる学者先生らが先頭に立つ。

その〈錦《にしき》の御旗《みはた》〉？は〈歴史修正主義の否定〉である。

この歴史修正主義とやら、老生、よく分らぬ。歴史はだれも否定できない事実に基づくものであるのに、なにやらそれを枉《ま》げて修正すること、の意のようである。もちろん、ユダヤ問題を含む欧米の理論から来ている。

老生、欧米アチャラカのことは知らぬ。しかしな、歴史に修正はならぬ、歴史は正しく定まっておる、という観点は、中国研究の立場から言えば、中国には〈正史〉というものがあり、歴史の真実はすべてそこにあるとするのと同じ。そこに記されていないもの・ことは、すべて〈野史〉とするという話になろうか。

とすると、歴史修正主義に依るものは、正史ではなくて、野史の類《たぐい》であり、問題とするに足りない、ということに近いか。

この歴史修正主義批判は、どうやら左筋の道具らしい。例えば、日本国は韓国を植民地にした悪いヤツ、という前提（正史）を置き、それを修正した見解（日本が小学校教育・農業振興・ハングルの社会化……それらを実現したこと）は、野史であり、問題とするに足りない、ということらしい。

ま、一言で言えば、真の実証的事実研究を追い出した政治的宣伝（プロパガンダ）が正史ということのようである。

中国におけるその正史も、かなりインチキなものであった。例えば、正史のいわゆる『三国志』の撰者《せんじゃ》、陳寿《ちんじゅ》という男は、伝記の材料となった人物の一族に、金銭《かね》を出したら、立派な人物像に書くと持ちかけたりしている。

正史、正史、歴史、歴史――お上《かみ》のなさること、それにまちがいなどございませぬ、という台詞《せりふ》通り、韓国の主張は正しいのだ、日本国は彼らのそれを受け入れよ、という韓国ヨイショの日本人チンドン屋がいずれ現われる。なんとか大学の教授とやらだ。しかし大半は、学問的業績は三流のチンドン屋である。

古人曰く、〈勢いづいている〉炎《ほのお》に〈向《むか》って〉趨《はし》り、熱《あつ》きに附く、と。

〈勢いづいている〉炎《ほのお》に〈向《むか》って〉趨《はし》り、熱《あつ》きに附く。
『宋史』李垂《りすい》伝

炎：調子よく声高《こわだか》なもの。
熱：その勢《いきおい》に。
附：べったりしがみつく。

韓国の若者の悲劇は事大《じだい》主義の伝統

新型コロナウイルス感染症――長い名前であるわ。要するに大流行風邪《おおはやりかぜ》のことよ。

そもそもカゼウイルスなどというのは、いつでもどこにでも居《お》るもの。体調が普通であると、ほとんどの場合、罹《かか》っても、人間は死にはせぬ。事実、日本における罹患《りかん》者のほとんどは回復し、死に至る者は比較的には少ない。

にもかかわらず、どうしてこうも騒ぐのであろうか。身体を暖かくし、睡眠を十分に取り、しっかりと食事をいただき、働きすぎない――これは人間生活の基本であり、大半の人々はそれを守って生活している。当然、免疫力は高い。そういう生活者のところに新型菌が入ってきても、自己増殖は困難である。仮に発症したとしても、日本人の免疫力が高いので、軽い症状で終るだろう。そんなこと、医師に言われなくとも、だれでも知っていることではないのか。

もちろん、不要不急の外出は控える。老生、老人であり、そのことはよく心得ている。とは言うものの、残念なことが一つある。

それは、これぞという映画を観《み》にゆけないことである。もちろん、行こうと思えば行けるが、映画館は閉鎖空間であるから、はやりかぜに罹る可能性は大。となると、映画にわざわざはのう、というわけで今は控えている。

そういう折、なんと米アカデミー賞の作品賞に、外国語作品として、始めて韓国映画の「パラサイト　半地下の家族」が選ばれたとのこと。日本でも評判が高く、観客動員数がなんと二百二十万人を突破という。

観に行けない、残念。しかし、産経新聞（二〇二〇年三月六日付）に石川有紀記者が、同映画のキーワードとして三者を挙げている。

第一は、半地下住宅（劣悪な住居）、第二は、財閥経済（韓国を動かしている実力者）、いま一つは格差。

老生、韓国語は分らず、同国の実情、いや実状は知らない。しかし、石川記者のそのリポートを日本の現実と比較してみると、日韓両国の相違がよく見えてくる。

まずは財閥。日本は先の敗戦後、勝者のアメリカによって財閥（三井、三菱、住友等）は解体させられたので、今は財閥は存在しない。では中小企業はどうか。石川は、韓国では財閥企業が国内総生産（ＧＤＰ）の四割超を占めるが、中小企業は育たず、と言う。ここだ、問題点は。

日本は、その財閥時代においても、中小企業は発達していた。中小企業主たちのすぐれた職人気質、伝統を守る心意気——それらは江戸時代に発達した商業活動と共にあった。その流れは明治時代になっても絶えなかった。世界に先駆《さきが》けて、信用という道徳の下、為替《かわせ》の原形はすでに鎌倉時代に生れ、江戸時代に発達していった。道徳性あるそうした商業活動は明治以降も受け継がれていった。だからこそ、敗戦後に日本の財閥が解体させられても経済活動はびくともしなかったのである。

韓国における強固な財閥力などというのは古代王制的である。もし財閥解体があれば、非道徳的商業活動と化し、混乱すること必至である。まともな中小企業などないからだ。

韓国財閥の強大さは大学生の意識を造る。すなわち大企業への就職を第一とする。石川に依れば、大学卒業後も就職せずに大企業への就職活動や公務員試験の受験を続ける者が増加とのこと。しかし、冒険精神がないそういう超安全志向の若者などは、戦力にならない。いずれ韓国財閥や公務員の世界は、役に立たない連中の集まりとなることであろう。いや、それはもう始まっている。最近の彼らの愚かな言行を見れば。

財閥への就職や公務員志望——そのありかたは朝鮮民族に伝統的な事大思想の表現。

「事大」とは「大に事《つか》える」すなわち「大会社や役人という巨柱《きょちゅう》に奉仕する」というのが人生の目的となっており、一人立つという〈志〉が見えない。そういう発想が第一の社会には、未来はない。

古人曰く、功《こう》の高《たか》きは、惟《こ》れ志《こころざし》。業《ぎょう》の広《ひろ》きは、惟《こ》れ勤《きん》、と。

功《こう》の高《たか》きは、惟《こ》れ志《こころざし》〈にある〉。
業《ぎょう》の広《ひろ》きは、惟《こ》れ勤《きん》〈にある〉。
『書（書経）』周官

功：働らき。
志：志を立てる。
広：広まるを望《のぞ》む。
勤：勤勉さ。

第6章

日本文化の深奥

一族主義こそ日本精神のカナメ

老生、外出——それも御近所の売店にはもちろん、ともあれ家の外に出るのは、ま、四日に一回か、今はこういう老人がおそらく増えていることであろう。

それは、良いことかどうか、分《わか》らない。その昔、老生の少年時代、爺《じい》さんは、なんだか知らないが、威厳があり怖《こわ》かった。それが血のつながっていない爺さんであっても。

しかし、今日の爺さんには、大体において威厳はない。一方、威厳とは無関係に、婆《ばあ》さんは大人気。爺さんにはお呼びはかからないが、婆さんは大歓迎される——それも嫁御《よめご》からでもなのである。もちろん娘からは大歓迎。

なぜか。答は簡単。自分の女中それも無料なので大歓迎というわけである。

だれが考えても、女中代《がわ》りなんて馬鹿馬鹿しい。ところが女はそうでもないらしい。娘や嫁御から声がかかると、いそいそと打ち合わせしている。しかも行くときには、土産まであれこれと考えている。これ、なんとかならんかのう。それとは対照的に、老生など一族のだれも洟《はな》も引っかけない。

もっとも、孫どもは成長してくると、老生に敬意を表し始めた。ある日のこと、しゃべりが終り、家に帰るとなったころ、或る孫は、老生の顔を真顔でじっと見て、こう言った。「じいじい、肩もみましょか」と。

おーお、これは天の神の声かと思ったぞよ。たのむと言うとさっと、イスに坐っている老生の後ろに立ち、もみだした。

それがまた上手なのであった。老生、感激して、うんうん。いいねぇ、うんうん、気持ちいいと楽しい会話が生れた。

そして五分くらい経《た》ったか、終了。ありがとう、ありがとうと、老生、心は嬉し泣きしながら、そう礼を言った。

ところが、彼、帰ろうとせず、じっと立っていたのである。

アッと気づいた。そっか、肩もみ賃《ちん》が欲しいのか、と。

とあれば、そこは大人の、いや爺々《じいじい》の貫禄を見せて一金……円を。

われら老夫婦――夫は肩もみ代を払い、婦はお土産持参の女中奉公。これは、一体なんじゃろうのう。

その昔、と言っても、昭和二十年（一九四五）八月の敗戦のころ、老生は国民学校（今の小学校）三年生であった。敵のアメリカ軍は東京・大阪に大爆撃を行ない、その後は、多くの全国の各県庁所在地を爆撃していった。

この作戦は、心理的な効果があった。むやみに爆撃するのではなくて、県庁所在地の爆撃は、心理的に〈明日は我が身〉と全国の日本人を不安に陥《おとし》れるものであった。

そのころの日本は、家族主義であった。おっと、この〈家族主義〉ということばは誤解を与えやすいので、言い改めよう、古典的に。すなわち〈一族主義〉と。

当時、一族主義は生きていた。農村の青年が、都会に住む親類の家に転がりこんで住居とし、働らきに出るなどという話は、ふつうのことであった。

一族主義は、明治・大正・昭和三十年ごろまでは生きていた。親戚の家には、いつでも行ってはそこで遊んでいた。私にもその記憶がしかとある。そこに親しみが生れる。すなわち〈一族主義〉の感覚が確かにあった。

われら老夫婦の肩もみ代や女中奉公は、一族主義の残影であろうか。少なくとも同世代のわれわれ夫婦においては、肩もみ代も女中奉公も苦しみではなくて、楽しみなのであった。ほんと。

こういう光景を見ることは今も度度《たびたび》――すなわち、赤ちゃんを抱く若い母親、その後に山ほどの買物を両手でやっと持って歩く老婆——それは、老婆にとって苦しみではなくて、楽しみなのである。祖母に向って孫がにこっと笑えば、すべて満足。

それでいいではないか。難《むず》かしい理論などどうでもいい。そんなもの屁理屈《へりくつ》よ。

古人曰《いわ》く、己《おの》れを先にし、人を後《のち》にすることなかれ、と。

己《おの》れを
先《さき》にし、
人を後《のち》にする
ことなかれ。
『説苑《ぜいえん》』政理

森林管理士・離島管理士を養成せよ

木曽は塩尻、講演に行った翌日、塩尻・名古屋間、不通ときた。大雨による被害。やむをえず、塩尻から東京に回って、帰阪となった。このコース、始めて。

塩尻から乗った特急は、おお、あずさ十号。名曲〈あずさ2号〉ではなかったが、いささか悲局と希望との入り混った気分で、車窓から木曽の山々をずっと眺めながらの帰途についた。

しかし、風景は無惨であった。山間の田畑の多くは休耕田であり、雑草が繁茂《はんも》。多くの地方と同じく、その雑草も二種が蔓延《はびこ》っている。

その一つは外来種で、戦後日本、全国に広がったセイタカアワダチ草。

いま一つは、昔から在《あ》る葛《くず》。この葛の花は、歌人に詠《よ》まれることが多かった。

「葛の花　踏みしだかれて　色あたらし　この山道を行きし人あり」(釈迢空《しゃくちょうくう》)——などと、風雅な話をしている暇はない。葛の蔓《つる》は、伸《の》びに伸びて田畑を覆ってしまっている。

いや地面だけではない。近くの木に対しても絡《から》まり、木の幹に巻き付いて上へ上へと伸びていっている。その間、もちろん、葉を満載しながら。木は弱ることであろう。

これでいいのであろうか。

田畑の場合、個人の所有であるから、他者は口に出しにくいであろう。けれども、公有地の場合は、国や公共団体が管理すべきであるし、個人所有地の雑草に対しても適切な助言をすべきではなかろうか。

となると、例えば、国家資格としての森林管理士という公職を作り、全国的に国有地の専門的管理を行なってはどうか。もちろん、私有地に対しても適切な助言や指導も行なう。現在、林野庁が管理を担当しているのであろうが、それの専門機関指導者を作ることだ。もちろん、その研修は充実したものとする。

さらに言えば、山のみならず、海にもまた問題がある。すなわち最近の調査では約一万四千餘《あまり》ほどある離島の問題である。以前、老生はどこかで提言したことがあったが、この離島に対して国家資格の離島管理士という公職も作り、離島の国家管理をすべきである。

この離島管理や森林管理においては、警察権の一部が必要であろうので、警察庁の所管としてはどうか。

すると、森林管理士・離島管理士の養成が必要となる。ならば、現在、つぶれかかっている私学の一つを買収し、（仮称）自然環境大学校を創設し養成してはどうか。文科省の所管なら「大学」であるが。

全員、寮生活。授業料無し。寮生活費等に月十万円とすると四年で五百万円。これは貸与とするが、卒業後、森林・離島の勤務を五年間すれば返済免除にする。卒業後のその勤務は体力的に厳しいので、五年後、一応、退職する。その退職金は一律二千万円。もし勤務の継続を希望すれば、もちろん可。

尖閣諸島・小笠原諸島や北海道等、重要拠点において、管理士たちが国運を担って勤務していただければ、これほどありがたいことはない。

現在、街を歩けば、ブラブラしている若者が多い。その多くは、親の臑齧《すねかじ》りである。大学に進学しても、これという知識も技能も身についていない。結局、ブラブラするしかない。まったく空白の青春である。

これでは日本は先細り。ならば、彼らに技能を練る学校や生き甲斐のある仕事を与えようではないか。誇りを持つ人間をつくろうではないか。

日本の真の財産は、森林と海洋とである。この森林と海洋とを守り、米作農業を安定的に継続することができれば、日本は生き残ることができる。いざとなれば、工業関係の大半は外国から国内へ撤退し、外国からの受注だけに徹することだ。もちろん高額を要求する。世界は日本の優秀工業製品なくして動けないので、工業は高価格で生き延びられる。すなわち、グローバル化ではなくて、新しい形の〈現代の鎖国〉をすることだ。

古人曰く、九層《きゅうそう》の台《うてな》（高層建築）も、累土《るいど》（土の積み重ね）より起《おこ》る、と。

> 九層《きゅうそう》の台《うてな》（高層建築）も、
> 累土《るいど》（土の積み重ね）より起《おこ》る。
> 千里の行《たび》も、足下《そくか》より始まる。
> 　　　　　　　　　　『老子』六十四
>
> 九層：九階建て。
> 台：高殿。
> 塁土：土の積み重ね。
> 行：旅行。
> 足下：足もと。

野田聖子さん、寄附への日本人的感覚を理解せよ

老生、月に一、二度、講演などで旅路に出る。どの街道も楽しい。車窓から眺める風景から、さまざまな想いが湧《わ》きあがる。

その第一は、水田の美しさである。どの地域でもそれがあり、日本の、そして日本人の伝統を黙って教えてくれている。

われわれの主食は米である。だれがなんと言おうと、米なくして日本人の生活は成り立たない。

もっとも、日本人の中でも変なのがいて、米食よりもパン食のほうが合理的で手間もかからなくていいなどと称し、嬉しそうにあれこれのパンを食べている。またテレビあたりがそれを褒めそやしている。

そんなことないって。そんなにパン、パンと言うのなら、こういう風景をなんと見るのか。すなわち、パンを食べ食べ、スキ焼きを食べる姿。

水田が示すのは、単に物としての米ではない。そこに託された〈ふるさと〉のイメージ

なのである。

もっとも、都市部へ多くの人口が移動した現在、都市で生れ、都市で生活する人々にとっては、もう〈うさぎ追ひし　かの山、おぶな（小鮒）釣りし　かの川〉というふるさとは、すっかり消えてしまっている。

けれども、「ふるさと」と言えば、心がときめくことは否めない。その気持を突いたのが、ふるさと納税である。金一封を贈ることによって、ふるさと振興に協力できるとは嬉しいではないか。

そこで税制にも特別措置がとられ、返礼品もあるということで、広がってきた。当然、返礼品に工夫がなされ、返礼品のいいところへのふるさと納税としての送金が激増した。するとおもしろくないのは東京をはじめとする大都会地。他地域へのふるさと納税によって自地域への市民税等が減ってきたからである。

当然、防衛策をとる。それは、ふるさと納税への批判という形となった。

まず第一は、返礼品（納付金の半額以下の物品等）が高額であり、それが目当ての納税となっているのはおかしい、と。

第二は、その返礼品が、必ずしもふるさと納税先の生産品ではなく、他地域の産品であり、納税先の地域振興となっていない。

第三は……、第四は……と大喧嘩。

ということになり、担当省庁である総務省の野田聖子元総務相は、ふるさと納税本来の目的とやらを振り翳《ふかざ》して曰く、返礼品金額の上限設定等々。

愚かな話である。この元総務相、寄附への日本人感覚とは何かが、まったく分っていない凡庸な政治屋だ。

寄附——例えばキリスト教徒の場合、名は示さず、自分に可能な範囲内の金銭を納める。こういう精神からボランティア活動が生れてきた。無償、無名——神の思し召《おぼめ》しのままに。

しかし日本人の寄附感覚はそうではない。例えば、それこそふるさとの神社の石製の玉垣を見るがいい。柱も、柱と柱との間の支柱も、すべてに寄附者の氏名が彫りこまれている。すなわち無名の寄附ではないのである。

玉垣は一例。日本における諸寄附は、ほぼすべて氏名の銘記であり、無名希望の篤志家は、まず、いない。もちろん、それを恥じることはない。そういうのが日本人として正常感覚だからである。

当然、ふるさと納税も同じく、無償、無名、無返礼、はありえない。日本人の感覚、慣行のままにふるさと納税をし、返礼品を受け取って喜んでいるのが、正常な日本人なのであり、なんら恥ずることはない。

こうした日本人感覚を無視して、キリスト教風に無償・無名の寄附要求をしてみるがいい。あっと言うまに崩壊するであろう。事実、諸寄附を求める側は四苦八苦している。それは、日本人の前記〈玉垣〉感覚が分っていないで、ただお願いばかりだからである。

古人曰く、一人《いちにん》なれば、則《すなわ》ち一義《いちぎ》、二人《ににん》なれば、則ち二義《にぎ》あり、と。

> 一人《いちにん》なれば、則ち一義《いちぎ》、
> 二人《ににん》なれば、則ち二義《にぎ》あり。
> 『墨子《ぼくし》』尚同上《しょうどう》
>
> 大意は、人それぞれに考えかたや行動が異なること。
> 義：ありかた。

芸術ぶる映画よりも、孔子の伝記映画のすすめ

われら昭和初期生れの老人にとって最大の娯楽は映画。しかし残念ながら、老生、忘却病に在《あ》るため、それぞれの映画に対して、はて観《み》たのか、観ていなかったのか、記憶、定かでないのう。

しかし新作とあれば、安心して観に行ける。と思いおる折、新聞にデカデカとこういう記事が出た。すなわち第九十四回「アカデミー国際長編賞」の受賞と。

映画好きの老生、おうりゃ、これはぜひにと、コロナ禍など無視して観に行った。

その日本映画「ドライブ・マイ・カー」は約三時間の長編——しかし、観終っての感想はこうだ。はっきり言おう、駄作、それも駄作中の駄作。こんなもん、映画作品ではなく、退屈な紙芝居よ。

主役の西島某は、いい俳優なのだが、こんな駄作に出演していては駄目になるぞ。

優秀映画は、ストーリーを通じて人間を描く、あるいは社会を描く、この二つに尽きる。

そんなこと、常識。

この駄作映画のストーリーはこうだ。劇団の中心人物（俳優ならびに演出担当）が或る演劇を上演する物語が筋となっているが、その出演者の一人に、妻の不倫相手をあえて選び、舞台練習をする。その妻はかつて四歳の子を喪《うし》なって不調となり、病気で急死する。

夫はそういう亡妻の気持を理解しようとして、自動車の運転担当の女性（貧しい家庭出身で不幸な生い立ち）に、その郷里へと車を進めさせる。長距離。そして到着した積雪の中、廃墟と化した家を前に女性は泣き崩れる。その女性を演出家はしっかりと抱き締める。それで終る。そして最後にほんの短いシーン。スーパーで夕食用材料を運転女性が韓国語で買って帰る。その家の前に、演出家愛用の自動車がある。このシーン、意味不明。

面白くも可笑しくもない。ただだらだらと移動車で、風景を映す。それもほとんどトンネルの中。馬鹿みたい。美しい自然風景などほとんどない。まして人間も社会もなに一つ描かれていない。ドライブだけよ。

しかも三時間の長編――普通なら、前・後編に分け、間に休憩時間をつくるとか、配慮があるところだが、そんなものは全くない。老生、文字通りの老人、三時間も座っておれるか。憚《はばか》りタイムを置く配慮がなくては、老人には受けないぞ。

主演の西島某の演技からは、妻の不倫に対する人間的感情がまったく表われていない。

しかも、運転役の女性に対する人間感情もなに一つ描かれていない。最後に抱き締めるだけであり、それは不幸な半生であった女性に対する同情にすぎず、妻の不倫との連関はなに一つない。その他、ボロクソの悪口を山ほど言いたいが、それは言うまい。なぜなら、この映画の監督、濱口竜介には才能がないからだ。言うても分るまい。

映画は、やはり筋だ、ストーリーだ。黒澤映画は、今《いま》見てもやはり面白い。楽しませてくれる。真面目な話なのだが、途中、演出でふっと笑わせてくれる。この〈笑い〉を見せてくれるのは、人間を描ける人だからだ。

今日、残念ながら日本映画は血迷って変に芸術ぶっている。創作に自信がない証拠だ。映画は、なんと言ってもストーリーの面白さであって、それが必要ではないか。

その努力が見られない。日本映画の衰退の根本原因はそこにある。テレビやスマホ流行の所為《せい》にするな。

例えば、孔子の伝記映画の製作はどうか。孔子の学校の物語は一面だけにすぎない。孔子の本領は、政治家としての凄《すご》みだ。たった三年間であったが、孔子は政敵を倒して殺し、粛清してゆく。だが敗《やぶ》れる。そこから、長い旅が始まる。多くの弟子が追ってくる。その苦難の旅の中、何度も襲われるが、弟子が戦って守る。そういう人間孔子のドラマを日本がリアリズムタッチで製作すれば、世界の人々に受けるであろう。こうした〈新しい黒澤映画〉を作ってはどうか。

古人曰く、声聞《せいぶん》（名声）情《じょう》〔実際〕に過《す》ぐれば、君子〔は〕これを恥ず、と。

声聞《せいぶん》（名声）情《じょう》〔実際〕に過《す》ぐれば、君子〔は〕これを恥ず。

『孟子』離婁《りろう》下

声聞：よい評判。
情：実情。
君子：まともな人。

芸術性のないド演歌になぜこうも心打たれるのか

老生の長年の習慣――朝食のとき、諸新聞を読む。それらを広げると、パラリと広告紙が出てくる、何枚も。

そこでまた、それらを一々《いちいち》広げて見る。おうりゃ、こんなのが出てきた。大きな字で、「圧倒的な低価格で高品質の」とな。

ほう、どんな品物かの、と思って、その次の句を読んで、それこそ絶句した。こうじゃ、

「個別指導!!」とな。

なんとそれは予備校の春休み用宣伝パンフレットじゃったわな。

予備校も苦労しとるのじゃのう。そういうときは、例えば、老生のような苦労人に相談してみることじゃ。一から、果ては寝首のかきかたまで教えて遣《つか》わせしものを。

ま、ま、それはともかく、近ごろは最先端万能の世。なにかと言えば、ＡＩがどうのこうのと。時代遅れの老生など、ＡＩと出てきたとき、すらりとローマ字読みしたわな。そう、アイとな。つまり愛。おう、こうりゃ。

この時代遅れ老人、その昔は哲学書などを読んでおったわな。分りもせんで。そしておづかしげな屁理屈《へりくつ》を並べておったわ。

じゃが、米寿を越えた今、哲学書など、この書斎のどこにもないわ。代って、テレビ（BS放送）の音楽を日々楽しんでおる。

とは言え、その音楽にはバッハもベートーベンもなし。芸術性などまったくないド演歌。と書き記すと、世の大半の人士は、なんや、演歌かよ、アホとちゃうか、とこの老人を馬鹿にすることであろうのう。

ま、それはそれで良いわな。ド演歌のほとんどがその通りだからである。

さはさりながら、反論が一つある。ではなぜ演歌が絶えないのか、という点だ。

それをきちんと論じた人士は、老生の知るかぎり、だれもいない。表立って馬鹿にする、否定するというのであれば、それ相応の理屈があってしかるべきであるのに、そのような小理屈も見たことがない。

となると、日本人の演歌好きはなぜなのかと、正面から問うていいではないか。

よっしゃ、ほたら（そしたら）、老生、日々の演歌愛〈視聴〉そのままに、ここにド演歌論を述べてみようぞ。以下のごとし。

話は遡《さかのぼ》って江戸時代——浄瑠璃《じょうるり》という語り物があった。三味線が伴奏で太夫《たゆう》が三味線音楽に合わせて物語り、それに合わせて人形芝居が演じられる。庶民の娯楽として非常に人気があった。元禄時代には、竹本義太夫や近松門左衛門という大天才らによって、人間の愛や、実らぬ恋、金銭をめぐる争い、そして心中や別れなどなど、人間の心に潜む真実を描いた〈文化〉となり今日に至る。一方、同じく歌舞伎《かぶき》も庶民に人気があった。

しかし、明治維新を迎えた後、欧米の文化が大きな顔をするようになり、文楽も歌舞伎も小さくなっていった。これは事実。劇場も減り、文楽や歌舞伎の活動はしだいに少なくなり、衰えていった。

しかし、庶民の要求は絶えなかった。当然、その要求に応えるものがいろいろと出てきた。ただし、簡略で安上りが、受けた。

その要求に応えて大当りしたのが、いわゆるド演歌であったのではなかろうか。

まず第一は、ストーリー性だ。それも大半は男女間の、つまりは恋愛の、それも悲恋の。そしてその想い出語り。それも歌と歌との間に哀しい台詞《せりふ》があって。

なんとそれは、己れ一人による文楽や歌舞伎ではないか。これが日本人の心を打つのだ。

それに比べて、近ごろの流行歌には〈心〉がない。それを生むストーリー性もない。ただ、過去のド演歌の物真似だけ——心はない。

まして近ごろの若者の歌は、アメリカ流の物真似がほとんど。われら老人にとって、訴えて来るものはなにもない。ただガチャガチャと煩《うるさ》いだけよ。そら、アカンわ。

古人曰く、白砂《はくさ》も泥《どろ》［の中］に在《あ》れば、［しぜんと］之《これ》と与《とも》に、皆《みな》［混《ま》じりて］黒し、と。

> 白沙《はくさ》も
> 泥《でい》［中《ちゅう》］に在《あ》れば、
> 之《これ》と与《とも》に、
> 皆［混《まじ》りて］黒し。
> 『大戴礼《だたいれい》』曽子《そうし》制言上
> 白沙：白い砂。
> 之：泥《でい》（どろ）。

ＡＩとハサミは使いよう?

老生、この原稿、毛筆で書いている。もう七十年来の日常。しかし或る年、パソコンなるものを求め、文章を書き、いや、作り始めたが、三日、いや、三時間と続かなかった。というのは、書こうとすることを文字化するのに、あっちこっち操作して、なんとかつないだ。さ、では文章を、となったところが、書くべき説、はや忘れてしまっていたわな。頭、悪いからなあ。

ということで、老生、ＡＩ生活はあきらめた。感じたこと、思ったこと、考えたことをすぐ文字化できる毛筆生活にもどったわ。

さてさて、その中で、こんな新聞記事が気になった。すなわち近ごろは、大学生らにリポートを書け、小学生らには作文を書け、等々の宿題を出したところ、ＡＩに適当な事項を入れて、ポンとまかせると、立ちどころにその答を出してくる。しかし中身は物真似そのもの。

そこで、これではいかん、物真似解答をどのようにして見破るか、どのように避けるか、盗用だと著作権問題は――と、悩んでいるとのこと等々。

この話、こうした事件を知った老生、いや、ちょっと待て、と言いたくなった。

上述の話、他者の文章からの盗みに対して、①犯罪的、②他者の権利侵害という非を鳴らすことが中心となっている。

それは、法を守る上においては正しい。しかし、〈文を作る〉という点から見ると、どうなのであろうか。

学校では、やたらと文を作れ、報告書を出せ……と言うが、では文を作る、報告書を出すということの具体的訓練を、組織的にしているのであろうか。

老生、断言する。そういう訓練はほとんどない。ただやたらと、テーマはこうだ、その作文を書け、その資料をまとめよ……といった〈結果要求〉ばかりではないか。小学校から大学に至るまで。

となれば、文筆技術なき者はＡＩに頼もうという気持になるのは自然ではないか。

こういう時、それでは昔の人はどのようにしていたのかと、一考するのがいい。そこには、伝統という巨大な知恵があるからだ。不断《ふだん》（平常）は黙っているが。

その昔の昔、大昔、孔子はこう言った。すぐれた古典がある。その中にこの世のすべての知恵がある。それを学ぶことだ、と。

そこで、しっかりと古典を学ぶ。暗唱するくらいまで。

そして、己れが文章を書くときは、その文章に可能なかぎり古典のさまざまなことばを入れてゆく。それが多ければ多いほど、優れた文章と評されたのである。

すなわち文章は古典のことばを可能なかぎり取り入れてゆく、そして、それを読む人はその文中の古典のことばを楽しむというのが、文人の作法であった。

老生、高校生時代、古文の教師が、『新古今和歌集』所収の歌は、先人の歌を写し詠んだものが多く、作品としての価値は低いとわれわれに教えていた。

何をおっしゃいますやら。『新古今和歌集』の〈本歌取《ほんがど》り〉こそ、東北アジアの文化伝統を日本において美事《みごと》に花開かせた作品なのだ。それを分らず、これは物真似、ダメ、と高校生に嘘を教えておったわ。多分、今もな。

優れたものの〈物真似〉――そこから事が始まると心得ておけば、AIに文を作らせて、その後、修正・加筆していって、いいではないか。その工程の中で、正確な文とは何か、面白みを与えるにはどうすれば良いのか……といった〈真の文章作り〉を目指《めざ》せばいい。

AIすなわち機械に下書きさせて、それから己れの姿を現わして修正する。それがこれからの文章作法となってもいいではないか。要は、完成に意味があるのだ。
古人曰く、之《これ》を知るは、之を知ると為《な》し、知らざるを、知らずと為す。是《こ》れ知るなり、と。

之《これ》を知るは、
之を知ると為《な》し、
知らざるを、
知らずと為す。
是《こ》れ知るなり。

『論語』為政

ネコ社会も人間社会も似たり寄ったり

夏も終った。二〇二三年の夏は、身体に堪《こた》えた。老生、口達者《くちだっしゃ》ではあるが、それはそれだけのこと。身体はへこたれておるがな。

その盛夏、老生の生活にいささかの変化あり。老生宅は三階建てであるが、一階は、姉の住居。その姉が、突然の入院とあいなった。老人、明日のことは分らぬ。

そして、入院の諸事が終ったのは良かったが、新しく一つの野暮用が生れた。

それは、姉が野良猫に散じていた餌《えさ》。野良猫（近ごろは地域猫と呼ぶとか）であるから、ハイ、それまでよ、のはずなのであるが、なんとなく餌を朝・夕の二回、やるということとあいなった。その大役は老生。ウーン。

やむをえず、姉の退院までということで、目下、野良猫どもへの餌やりの日々。

うんざりではあるが、一ついいところがある。すなわち、朝、定刻七時に起床しての餌やりということ。それに慣れて、朝寝大好きだった老生が、なんと七時起床の日々。

ということで、餌やり早や三カ月。猫どもも、ようやく餌は老生からという事を理解してきた。それにつれて、老生も餌役に徹してきた日課。ということならば、話はそれで終りじゃが。

しかし、老生、人間社会のことに最大関心があるので、野良猫どもの役割を観察しているうちに、人間社会の原型としての姿が見えてきた。それをお伝えいたしたい。

まず第一は、総大将の黄茶色の猫。身体が抜きんでて大きい。貫禄十分。どの猫もハハーッと従っている感じ。

それもハハーッだけではなくて、総大将猫に諂《へつら》って、附いて回っている白猫がいる。こういうの、いるなあ、人間社会にも。

もう一匹、総大将に従っているのが薄《うす》白猫。ただし、べたーと附いて回るのではなく、遠くから従っている感じ。闘争心は全くなく、餌もみなが食べ終ったあとの残りもんを食べている。体調もいま一つ。

上記の三匹は、終日ほぼ、我が家のまわりに暮している感じだが、四匹目の黒猫、こいつは、食事時間ごろ、どこからともなく現れて、食べ終ると、どこかに消える。つまり、拙宅を只《ただ》の飯屋《めしや》と思っていて厚かましい。許せん。或る時、こいつの尻を思いきり蹴飛《けと》ばしたら、あっと言うまに消えた。それから数日間、遠巻《とおま》きに我が家近くに来ていたが、老生の姿を見て諦《あきら》めたか、消えた。

以上の四匹、いや三匹（一匹は消えた）はレギュラーだが、さらに別に二匹がいる。薄い黒色猫と三毛《みけ》（三色）猫と。二匹とも遠慮勝ち。ただ、いつ来るのか分らない。三、四日、姿が見えなかったのに、ある日は待っていたりと不定期。まさに浪人、いや浪猫《ろうびょう》。

こんな不定期の勝手なヤツには、餌を出してはやるが、来ないときは、その餌はさっと引き下げることにした。その結果、朝だけ薄黒猫が来るようになったので、一応、餌は出してやるが、来ないときは、すぐ下げる。

という冷たい日々。しかし、そこから得るものはある。総大将猫、それに附いて回る白猫、附いて回りはしないが従っている気の弱い薄白猫、という序列。さらには、自分勝手で餌だけ求める薄黒猫。

これは、ほぼ人間社会と同じではないか。食物第一。それを得るために、服従あるいは闘争。集団と相互に特に関係がなければ、遠方から様子見。そしてチャンスがあるとさっと食べに来る。食事が終れば、どこかへ。

この様《ざま》に決定的に欠けているものは、食物に対する敬意、与えてくれた人間への感謝、つまりは道徳心である。人間が他動物と異なる社会を構成できたのは、その道徳心があり、それを言語で表現できたからであろう。

孔子は、政治とは民の生活(食)の安定、十分な軍備、そして政権への信頼だとする。

その内、信頼こそ人間社会の最重要道徳であり、それがあってこそ政治が成り立つと言う。

古人曰く、民《たみ》 信ずる無《な》くんば、〔政権は成り〕立たずと。

子貢《しこう》 政《まつりごと》を問う。
子《し》 曰《いわ》く……
民《たみ》 信ずる無《な》くんば、
〔政権は成り〕立たずと。
『論語』顔淵《がんえん》
子貢：孔子の高弟。
子：孔子。
信ずる：信頼する。

老後生活を豊かにするには働らくことが第一

老生、八十九歳。長生きしすぎた。友人の訃報を受けとるごとに、心に祈るばかり。もうすぐ再会するからな、すまん、すまんと謝るこのごろである。

近ごろの風潮か、葬儀は家族葬が主流。そのため、親しかった方々の葬儀に参列することは、ほとんどできない。辛《つら》いことである。

その昔、何かでこういう話を読んだことがあった。ベートーベンが逝去したとき、シューベルトはみずから進んでその棺《ひつぎ》を担《にな》う一人となったという。そして翌年、シューベルトも他界する。辛い、そして悲しい話である。

日本では、葬儀が終り、御遺体を納めた車が出発する。そのとき、その葬儀に参列した人々が、合掌してお送りする。粛然たる永遠の別れである。

そのような情景は、これからしだいに消えてゆくことであろう。

それでいいのであろうか。他者の死を送るには、それなりの〈心〉と〈形〉とがあるべきではなかろうか。

しかし、そうした葬儀よりも、もっと切ない悲しい話がある。すなわち老人物語である。老人と言えば、老生、いつも思い浮ぶ話がある。『論語』憲問《けんもん》に出てくる一節。孔子が郷里で知人の原壌《げんじょう》という男と会うこととなった時の話である。

原壌は、昔の知人の孔子を待っていた。やがて孔子が現われる。すると、孔子は原壌の態度に対して、一喝《いっかつ》した。なんだ、お前、その態度はなんだ、と。

原壌の態度——それを今風《いまふう》に言えば、体育坐《ずわ》り、であった。すなわち、尻を地につけ、脛《すね》を立てて坐っていた。

これは、ま、言わば親しい者同士の姿。ふつうは、立ってきちんと相手を迎えるのだが、原壌のオッサンは、坐ったままで、おう、久しぶりやな、キュウちゃん（孔子の名は丘《きゅう》）、元気か、という調子。両足を抱えこんでの御迎えよ。

その態度に対して孔子は怒《いか》った。お前は、昔から礼儀知らず、と怒鳴《どな》って、曳《ひ》いていた杖で、原壌の脛をピシャリと叩いたのであった。

この話、落ちついて読むと、孔子の方《ほう》が、ま、大人げない。しかし、『論語』にある話ということで、原壌が悪いとなっている。

これは現代においても通ずるところがある。すなわち、一般社会から除かれた老人の悲しみであり、悲しさである。

そういうことはあってはなるまい。老人といえども、まず人間である。その人を人間として社会は遇すべきである。

しかし、事は簡単ではない。女性老人の場合は、親族の若い人の家でという働らき場所がある。問題は男性老人。その一生は働らきづめであったが、老後はゆっくりということは、まず無理。やはり働らき、少しでも収入を得ることによって居場所が生れる。

そこで老生が、そうした老人のために作り出したのが、論語指導士という資格である。

この件、今、あえて述べさせていただきたい。その大理由は、こうである。人間は、高齢になればなるほど、日々喪《うしな》うことばかりの苦しみに堪《た》えがたくなってくる。

そこから救い出してくれるものは、己れは喪うだけではなく、逆に精神的に豊かになっていっているという充実感である。

それを特に感じる人々とは、私の連載「朝四暮三」が掲載されている月刊誌『W・i・L・L』を愛読するような知的な方々である。

ならば、論語指導士の資格を取得なさって、幼児や小学生や、老人たちとの出会いの場を夕方にお作りになって、『論語』を読み学び、生き生きとした生活をなさっては、いかがか。

それは心を豊かにし、若干ながら、収入にもなる。そして何よりも明るい気分となる。古人曰く、それ陰徳《いんとく》あれば、必ず陽報《ようほう》あり。陰行《いんこう》あれば、必ず昭名《しょうめい》あり、と。

＊論語指導士の大略につきましては、インターネット上で説明しています。

それ陰徳《いんとく》あれば、
必ず陽報《ようほう》あり。
陰行《いんこう》あれば、
必ず昭名《しょうめい》あり。
『淮南子《えなんじ》』人間訓

陰徳：人知れず徳行を積む。
陽報：良いむくい。
陰行：陰徳と同じ。
昭名：良い評判。

〈無〉こそ皇室のあり方――陛下は皇居の奥深くに在《あ》られよ

今の世、老人は邪魔者扱い。老人どもも、やれ医療費が多いの、やれ年金をもらいすぎの、と正月から石を投げられておるわ。

これ、まちがい。〈老人〉だけという括《くく》りがまちがいではないか。

では、括りを〈老人〉に代えて〈アホ〉はどうか。

これまた、まちがい。アホ（関東ではバカ）となると老人に限らぬわ。

などと酔余《すいよ》のままのぶつくさ正月も終った。しかし、この正月、新聞に一つの特徴があったことに気づいた。

それは、皇室についての記事が多かったことである。もちろん、御譲位、年号、大嘗《だいじょう》祭《さい》（大嘗会《え》）……と。

その中で気になったのは、敬語の使いかたである。記者、社外執筆者を問わず。

例えば、「今の天皇陛下」ということば遣い。これは近ごろのだれかが使いはじめたのであろう。老生、寡聞《かぶん》にしてそのようなことば遣いは知らなかった。

その時の、すなわち「当代の」天皇を「今上《きんじょう》（あるいはこんじょう）」と申しあげるのが心得ではないのか。

ただし、「今上」だけでは敬意が不十分として「今上陛下」と申しあげるのが、常識というものであろう。

にもかかわらず、〈今の新聞〉は「今の天皇陛下」と記して憚《はば》からぬ。これ、入社試験問題の一つとして出題してみてはどうかの。

ま、それはともかく、皇室について気になることがある。それは、秋篠宮《あきしののみや》殿下の昨年の御発言。皇室行事の内、宗教に関わる儀式は、政教分離の観点からすれば、皇室関係費内で出費するのがいい……とあった。

老生、この御発言には違和感を覚えた。

まず第一は、政府の決定事に対して否定的御発言をなさること自体、いわゆる政教分離に反するのである。皇室は政府に〈命じる〉ことをしてはならないからである。

第二は、皇室関係費について。これは、あくまでも政府が決定した予算なのであるから、その執行においては、宮内庁が責任者となるのであって、皇室が自由に使えるわけではない。仮にもし皇室関係費から〈私的に〉大嘗祭用の費用を出すことにしたならば、そのことによって不足する皇室関係費は、どのようにして補塡《ほてん》するのであろうか。結局は政府予算からとなる。それなら、別途に政府が初めから大嘗祭関係費の予算を組むべきであろう。事実、その予定である。

このように、皇室の方々の御発言は、新聞種となる可能性がある。それも、悪意をもつ新聞社があるのであって、危ふし危ふし。そういう擦枯《すれからし》（すれっからし）連中に比べて、皇室の方々は天真爛漫《てんしんらんまん》。マスコミなどの変な連中とはおつきあいなさらぬこと、これ肝腎《かんじん》、肝腎。

因《ちな》みに、正月、皇居において両陛下への拝賀の儀式が行なわれている。平成最後の機会ということで、今年は非常に多かったという。

老生、この正月拝賀の儀に対して非常に疑問に思っている。

というのは、皇室の方々は、可能な限り、人前《ひとまえ》にお出ましにならないことを心底から希望しているからである。

すなわち、皇室は可能な限り皇居内に在《いま》して、皇居外すなわち人前にお出ましにならないでいただきたいのである。そして皇居内で国民の幸福のために静かに祈っていていただきたい。

それは、〈無〉の日々。無こそ皇室のあり方すなわち公平の極致なのである。

このこと、老生、数十年前から、折に触れ書き続けてきたが、実情は、陛下を始めとして、皇室の方々のおでましが絶えない。それでいいのであろうか。

皇室は、日本人の根幹（生命の連続）に在《ま》しますのであって、国民のスターなどという安っぽい人気の上に在《あ》られてはならないと信じている。皇室は、日本国のためには、皇居の奥深くに在られよ。

古人曰く、有《ゆう》は無《む》に生《しょう》じ、実《じつ》は虚《きょ》に出《い》づ、と。

有《ゆう》は無《む》に生《しょう》じ、
実《じつ》は虚《きょ》に出《い》づ。
『淮南子《えなんじ》』原道訓
に……から。

後記

本書は、拙著（『マスコミはエセ評論家ばかり』二〇二三年五月刊）を基礎に、その後に著した拙稿から選出したものと併せて、作られている。

もちろん、本書の目的は、前同著と同じく、〈事の真実とは何か〉を論述することが目的である。

となると、これはもう周囲は敵だらけとなる。しかし、老生は平気である。

と言うのは、老生は元来は研究者であるので、執筆するというのは、己れの思考に従って述べることとなる。もちろん、全責任は己れ一身が引き受けるのであって、他者の顔色など、まったく気にしない。老生の言い分に文句があるなら〈言ってみろ〉という姿勢があるのみ。

もちろん、老生の発言に対して批判したければ、することである。そうした反論等に対して老生、徹底的に叩きのめしてくれよう。論争は常に覚悟の上で、老生、執筆してきた。

そして今や八十九歳、世の常識に従えば、穏やかに余生を送るというところであろうが、そうはゆかぬ。なにしろ京大の大学院学生の時、専攻指導教授の某と大喧嘩――いや、向うが大喧嘩を売ってきた。普通なら、教授の勝ち、学生の敗《ま》け、で終りとなる。しかし、老生（当時は若生か）、絶対に軍門に下らなかったので、学生生活を追われた。

その原因はこうであった。

指導教授、あ、面倒くさいので、姓名で記すことにしよう。重沢俊郎《しげさわとしお》なる者。

この男、京都大学文学部の教授であり、当然、その専攻（支那哲学であったが、卒業後、中国哲学と改称された）の主任教授であった。

どういう過程でそうなったのかは知らないが、マルキストであった。

しかし、老生はマルキシズムに対して批判的であった。もちろん、それは続いて今に至っている。

老生の学生時代、すなわち今から約六十数年も大昔のころ、マルキストの教授対否マルキシズムの学生、という関係であった。

もちろん、思想は自由であるから、その人がマルキストであるのは勝手である。しかし、教授という立場にある以上、その辺の単なる左巻きでは困る。なぜなら、十分にマルキシズムを理解した上でなければ、受講する学生に対して、論理的講義はできないではないか。すなわち、マルキストならマルキシズムを相当十分に理解していなければならない。

ところが、結論を言えば、彼のマルキシズム理解は、老生から見てもハチャメチャであった。安物のマルクス主義解説書を読んだ程度のレベルであった。

恐らく大急ぎでマルキストになるため、チャチなマルクス主義入門書を大急ぎで読んで、知ったかぶりをしていたのではなかろうか。

ま、それはともかく、率直に言えば、〈浅い〉のである。学者としても、いや、人間としても。

こういうことがあった。老生、大学三年のとき、母を失なった。たった三日間の入院後、亡くなったのである。衝撃でしばらく立ち直れなかった。

以来、死について特別な思いを抱くようになった。そうした或る日、重沢に質問した。中国古典に、葬儀のことが数多く出ているのはなぜかと。

すると彼はこう答えた。それは慣習だと。

この応答を聞いた瞬間、この男（重沢）は学者ではなく、単なるオッサンと思った。学生が質問しているのである。それに対して、少なくとも〈研究的視点〉に基づく応答をすべきではなかろうか。それができないということは、研究上の師としての資格はないな、と思った。

これは、単なる一例であったが、それ以来、彼に対する研究者としての水準について、疑問を抱いたことは、事実であった。

もちろん、あの男とは、形式上、師と弟子との関係なのであるから、多くの不条理な仕打ち（それも小細工的な）を受けても耐えるほかなかった。淋しい淋しい学生生活であった。

もちろん、いろいろなことがあった。しかし、大学の出来事であったので、ここではこれで一先《ひとま》ず終えることとしよう。

そうそう最後に一筆。私は大学院修士課程に進み、修士論文を提出した。その修士論文に対してあの男が下した評価は、七十九点であった。

ここに大きな意味があった。すなわち修士課程から博士課程に進めるのは、修士論文の評価が八十点以上という内規があった。それに拠《よ》れば、七十九点は〈否〉であり、公的にはだれも文句が言えない。ということで、あの男は私を公然と拒否、いや追い出せたのであった。三月のことである。

ところが、大逆転劇が起る。私は、四月一日に高野山大学専任講師として着任したのであった。この人事は、某先生たち四人の方々の御高配により、その約四カ月前、すなわち前年度の十二月にすでに決定していたのである。知らぬは私を切ったつもりのマルキスト教授の重沢だけであった。わざと修士課程から博士課程への進学希望ありと見せかけ、実はあのオッサンを見事に投げとばしたのであった。

高野山大学から、私を専任講師として採用するとの御通知をいただいた。その通知書の封筒の郵便消印の日付は、十二月十三日であった。それは、母の命日に当る。私は、高野山大学からの採用書を仏壇に供え、報告し、ずっと泣いていた。

遠い遠い思い出である。六十年以上も昔のことである。しかし、その時に私のためにお力添えを下さった諸先生方のあの〈義侠心〉は、その後もずっと我が心に生きており、感謝を忘れたことは、一度もない。

と書いてきたとき、テレビニュースに石破茂首相が掲げた選挙の結果が現われてきた。自民党敗北であった。

ま、勝敗は時の運と言えるが、今回はどうもそうではない感じだ。というのは、自民党の問題議員の落選は当然としても、どうやら単なる投票ではなくて、政治上の問題を前提としての投票結果のように見える。すなわち、裏ガネ問題を始めとする自民党政治の在りかたへの批判の結果なのではなかろうか。

しかし、それだけならば、似たようなことがこれまでにもあった話。となると、もっと具体的な、体感的な、理由があったようだ。

そこで、ふと気づいた。石破が首相に就任する前、彼には、特有の新政策があった。けれども、首相に就任すると、それらのほとんどを言わなくなってしまった。それを言われても話をごまかしている。おかしい。

となると、それらは首相となってからのメダマとなるのでもなんでもなく、少数派時代の単なる〈紙の看板〉にすぎなかったということだ。あえて言えば、多くの素直な人々をだましたようなものだ。

となると、そのような手品師ということではないか。そういう悪質な敵前逃亡をするような彼をマスコミは、ずっと褒めまくってきていた。ところが、総選挙に彼が敗れると批判している。おかしい。

そのことに対して多くの素直な人々が怒っているのではなかろうか。それを裏がえして言えば、石破も口先だけではないかという怒りではなかっただろうか。もっとも石破を褒めまくっていたマスコミが、今や敗れた彼をけなしているのは、さらにみっともない。

というようなことを感じた。つまり、石破に真の政治家的根性はないと人々は直感したのだろう。その気持が、自民党に対して今回はなあ、となっていったような気がする。

石破政権は、最初からの負け戦《いくさ》。これを挽回するのは、とても無理。どうする？　男児の取る道は、一つしかないぞ。すなわち、すべてを辞して山中に籠《こも》り、反省することだ。

そこにしか再生の道はない。しかし、それが出来る人物か、どうか。

拙著の解説のつもりが、跳んで、飛んで、石破批判となってしまった。読者諸氏にお詫び申しあぐのみ。

令和六年十一月一日

孤剣楼《こけんろう》　加地伸行

本書は二〇二三年五月に発行された
『マスコミはエセ評論家ばかり』を改題・改訂し、
WACBUNKO化しました。

加地伸行（かじ　のぶゆき）
1936年、大阪市生まれ。60年、京都大学文学部卒業。高野山大学・名古屋大学・大阪大学・同志社大学・立命館大学を歴任。現在、大阪大学名誉教授。文学博士。中国哲学史・中国古典学専攻。著書（編著などを除く）に「加地伸行（研究）著作集」3巻として『中国論理学史研究』『日本思想史研究』『孝研究』ならびに『中国学の散歩道』（研文出版）、『儒教とは何か』『現代中国学』『「論語」再説』『「史記」再説』『大人のための儒教塾』（中央公論新社）、『沈黙の宗教―儒教』『中国人の論理学』（筑摩書房）、『論語　全訳注』『孝経　全訳注』『論語のこころ』『漢文法基礎』（講談社）、『論語』『孔子』『中国古典の言葉』（角川書店）、『家族の思想』『〈教養〉は死んだか』（PHP研究所）、『令和の「論語と算盤」』（産経新聞出版）、『マスコミはエセ評論家ばかり』（ワック）など。

平和《へいわ》ボケ日本《にほん》　偽善者白書《ぎぜんしゃはくしょ》

2024年12月１日　初版発行

著　者　加地 伸行

発行者　鈴木 隆一

発行所　ワック株式会社
東京都千代田区五番町 4-5　五番町コスモビル　〒102-0076
電話　03-5226-7622
http://web-wac.co.jp/

印刷製本　大日本印刷株式会社

ISBN978-4-89831-909-3